*André Cochut*

# Du Sort des Classes laborieuses

*Essai*

 Le code de la propriété intellectuelle du 1er juillet 1992 interdit en effet expressément la photocopie à usage collectif sans autorisation des ayants droit. Or, cette pratique s'est généralisée dans les établissements d'enseignement supérieur, provoquant une baisse brutale des achats de livres et de revues, au point que la possibilité même pour les auteurs de créer des œuvres nouvelles et de les faire éditer correctement est aujourd'hui menacée. En application de la loi du 11 mars 1957, il est interdit de reproduire intégralement ou partiellement le présent ouvrage, sur quelque support que ce soit, sans autorisation de l'Éditeur ou du Centre Français d'Exploitation du Droit de Copie , 20, rue Grands Augustins, 75006 Paris.

ISBN : 978-1545559147

10  9  8  7  6  5  4  3  2  1

*André Cochut*

# Du Sort des Classes laborieuses

*Essai*

*Table de Matières*

| | |
|---|---|
| *Introduction* | *6* |
| *Section I.* | *6* |
| *Section II.* | *21* |
| *Section III.* | *30* |
| *Section IV.* | *34* |
| *Section V.* | *37* |
| *Section VI.* | *44* |
| *Section VII.* | *52* |
| *Notes* | *54* |

## Introduction

Les pays voués à l'industrie, et particulièrement l'Angleterre, offrent depuis quelque temps un affligeant spectacle. Soit humanité, soit appréhension vague de l'avenir, chacun s'émeut de la misère croissante de ceux qui sont destinés à vivre du produit de leur travail. De toutes parts, on interroge la science économique pour lui demander ce qu'elle peut faire dans l'intérêt des classes souffrantes. La tribune et la presse, les académies et les ateliers, ne cessent d'alimenter cette controverse ; mais, du choc animé des opinions, d'un déluge d'écrits, il n'est résulté jusqu'ici, ce nous semble, qu'une mêlée plus bruyante que décisive. Nous ne sommes pas de ceux qui ont à produire une recette générale et infaillible pour la guérison des infirmités sociales. Nous avons pensé seulement qu'il pourrait être utile de grouper les opinions en les soumettant tour à tour à l'épreuve de la critique. Poser nettement les problèmes, c'est en avancer la solution. L'étude que nous allons entreprendre nous permettra, d'ailleurs, de constater les tendances presque générales de l'économie politique, appréciation que nous ferons sortir, autant que possible, de l'examen des derniers ouvrages consacrés, chez nous, aux intérêts publics.

## Section I.

La prospérité des nations est toujours un résultat complexe. Deux ordres de faits y contribuent : faits moraux, qui dépendent des croyances religieuses, des institutions, du mouvement intellectuel, des vertus civiques ; activité industrielle, qui a pour effets la satisfaction des besoins, et même, s'il se peut, l'enrichissement de la communauté. Ce dernier ordre de phénomènes circonscrit la sphère de l'économie politique. Cette science ne saurait donc être qu'une exposition des lois suivant lesquelles se forment ou se dissipent les valeurs qui constituent la fortune d'une société.

Il n'est pas inutile aujourd'hui de rétablir cette définition. La plupart des économistes contemporains, reconnaissant avec amertume que la richesse d'un peuple n'est pas la garantie du bien-être général, sont les premiers à condamner leur science.

Dans l'espoir de remédier à son insuffisance, ils en élargissent démesurément le cadre ; ils en font une sorte d'encyclopédie sociale où trouvent place l'éducation, le culte, la police, le régime moral, et dont la théorie de la richesse ne forme plus qu'une branche isolée sous les noms pédantesques de chrématistique, de catallactique, ou de ploutonomie. Au lieu d'agrandir l'économie politique, cette tendance, nous le craignons, aura pour effet de l'affaiblir en altérant son caractère scientifique. Ce qui constitue une science, c'est moins l'abondance des notions que leur enchaînement logique ; c'est l'intelligence des rapports de cause à effet, au moyen de laquelle il devient possible de prédire les phénomènes qui se produiront dans une circonstance donnée. Si l'astronomie a été placée au sommet dans l'échelle de nos connaissances, c'est qu'elle prévoit le jeu des ressorts célestes avec une merveilleuse précision. Sans cette faculté de prévoyance, la médecine sociale, comme celle du corps humain, ne serait plus qu'un empirisme trompeur. Mais comment l'économiste pourra-t-il prévoir, s'il se place dans l'ordre moral où s'exercent les volontés libres ? La précision mathématique est-elle applicable aux aberrations des intelligences, aux capricieux entraînements des passions ? Qu'on médite le titre que Smith a donné au livre qui a constitué définitivement la science économique ; on reconnaîtra qu'en annonçant des Recherches sur la nature et la cause de la richesse des nations, il a voulu prévenir les abus qu'on pourrait faire de sa méthode, en limitant la sphère au-delà de laquelle il n'y a plus de certitude scientifique.

Les historiens de l'économie politique n'ont pas peu contribué à introduire cette confusion blâmable. Aucun d'eux encore, à notre connaissance, ne s'est tracé un plan qui répondît aux exigences du sujet. La science dont ils ont prétendu expliquer les évolutions, compte à peine deux siècles d'existence. Elle date des jours où l'on a entrepris la décomposition et l'analyse des forces qui concourent à la création des richesses. Mais avant Quesnay et Smith des phénomènes économiques se produisaient, car tous les hommes d'état, à l'exception de Lycurgue peut-être, se sont proposé d'enrichir les peuples confiés à leurs soins. Pour les temps antérieurs aux systèmes, l'histoire de l'économie politique ne devrait donc être qu'une vérification par les faits des axiomes démontrés dans les écoles modernes : elle devrait, selon nous ;

répondre méthodiquement aux questions suivantes : Comment s'est faite la fortune des principaux peuples ? Quelle a été, chez chacun d'eux, l'organisation du travail ? Comment, à quelles conditions, l'instrument du travail, le capital, a-t-il été mis aux mains des travailleurs ? Quelle a été la part faite à ceux-ci dans la distribution des richesses acquises ? Quelle influence a exercée sur la prospérité des nations le sort des classes laborieuses ?

M. de Villeneuve-Bargemont, qui vient de publier sous le titre d'Histoire de l'économie politique[1], des études historiques, philosophiques et religieuses sur l'économie politique des peuples anciens et modernes, semblait avoir apprécié mieux que ses devanciers la tâche à remplir. Nous avions conçu bon espoir, en lisant, dans une introduction judicieuse et d'un style élégant, qu'il s'était proposé de « rechercher, à travers les âges, les principes, le but et les moyens adoptés pour créer et distribuer les produits nécessaires à l'existence commune, dans les diverses organisations sociales qui se sont succédé. » Son plan admet deux ordres d'investigation, l'étude des idées et celle des faits. Après un tableau des révolutions sociales vient une analyse des opinions professées, en matière d'administration publique, par les philosophes et les savants de chaque âge. Cette sorte de bibliographie raisonnée, faite par un homme dont la critique est sûre et lumineuse, est d'une incontestable utilité : malgré quelques omissions, elle doit suffire au succès de l'ouvrage. Mais l'histoire des faits est bien moins satisfaisante que celle des opinions. Cette partie de la tâche présentait des difficultés que nous savons apprécier. Les éléments d'une histoire sérieuse de l'économie politique n'ont pas encore été rassemblés : les érudits se sont rarement fait initier aux mystères de la physiologie sociale ; les économistes ont presque toujours négligé d'acquérir ce qui leur manquait du côté de l'érudition. On pourrait insister sur ce reproche à l'égard de M. de Villeneuve-Bargemont. Il s'en est tenu communément aux généralités douteuses des narrations vulgaires ; aussi son livre est-il moins la monographie d'une science qu'un discours sur les progrès de la civilisation, qu'un vague aperçu des mouvements de l'humanité, à partir du paradis terrestre jusqu'aux récentes convulsions du chartisme anglais. Dans ce cadre démesurément élargi, les élans religieux, les digressions politiques, étouffent trop souvent les notions positives.

André Cochut

Essayons toutefois d'y saisir quelques faits importants que l'auteur aurait dû mettre en saillie, et de résumer l'histoire des grandes expériences économiques accomplies jusqu'à ce jour ; il nous sera plus facile ensuite de mesurer la portée des problèmes dont la science cherche aujourd'hui la solution.

Une société n'existe que par le travail : plus elle avance en civilisation, et plus augmente la somme des travaux qui doivent être exécutés en son sein. L'accomplissement du travail exige deux conditions : premièrement, que le travailleur vive jusqu'à l'achèvement de l'œuvre ; secondement, qu'il possède les éléments à transformer et les outils de son état. Or, la nourriture, les matériaux, les machines, les simples outils, toutes ces choses qu'on idéalise sous le nom de capital [2], sont le résultat d'un travail antérieur. Le capital d'une nation est donc, à proprement parler, du travail condensé et mobilisé ; à ce titre, il est saint et inattaquable. Mais comment les moyens du travail arriveront-ils dans les mains laborieuses ? Parfois le capital se trouve fatalement à la disposition d'une classe privilégiée, qui le confie aux classes inférieures : c'est le gouvernement primitif des castes ; ou bien un certain nombre d'individus s'arrogent, avec les éléments du travail, le privilège d'acheter corps et âme le travailleur lui-même : c'est le régime de l'esclavage gréco-romain. Souvent la transmission du capital n'est qu'un contrat temporaire entre deux hommes libres : telle est la loi qui régit communément le monde chrétien. Enfin, il pourrait se faire qu'il n'y eût dans une société qu'un seul capitaliste, l'état, personne morale et impérissable, inhabile à aliéner le fonds commun, mais le répartissant entre les individus, selon les aptitudes présumées de chacun, de façon à entretenir l'activité sociale : tel est le système essayé à petit bruit dans quelques corporations religieuses ; tel est le rêve fiévreux des utopistes de nos jours. Ces combinaisons principales, diversement modifiées, ont été mises à l'épreuve pendant le cours des âges.

En considérant l'organisation économique des différents peuples, on reconnaît qu'ils ont oscillé entre deux extrémités fatales. Dans les pays où les transactions sont gênées par les lois ou par la religion, où la faculté d'acquérir et de conserver est limitée, l'industrie humaine ne prend pas tout son essor, et il y a une énorme déperdition de forces. Le capital national, c'est-à-dire cette portion de la fortune publique qui, comme la semence réservée par le laboureur, sert à la reproduction profitable des richesses, diminue, au lieu d'augmenter ; le travail languit faute d'aliments, et l'appauvrissement insensible de la nation prépare sa décadence politique. Au contraire, dans les pays où la spéculation mercantile n'est pas contrariée, où chacun peut jouir librement du fruit de ses œuvres, l'émulation fait fleurir les diverses aptitudes ; l'intérêt individuel fournit au travail productif un aliment de plus en plus abondant ; mille ressources inaperçues sont utilisées ; les besoins se multiplient avec les moyens de satisfaction ; il y a un instant d'épanouissement général. Le peuple, en voie de prospérité commerciale, prend de l'ascendant sur ses voisins, élargit constamment la sphère de son activité, et finit par jouer un grand rôle politique. Mais la spéculation libre ne tarde pas à produire son effet inévitable, l'inégalité des fortunes particulières ; il se forme un petit groupe d'hommes actifs, heureux ou économes, qui attirent à eux la plus grande partie de la fortune publique, et se trouvent en mesure d'exploiter les autres, soit qu'ils achètent des esclaves étrangers, soit qu'ils marchandent au jour le jour le labeur des citoyens indigents. Il y a tendance forcée au gouvernement oligarchique, et tôt ou tard la lutte s'établit entre le riche et le pauvre. Bref, si les peuples dont l'industrie est entravée dépérissent de langueur et succombent trop souvent sous l'invasion étrangère, ceux dont l'essor industriel n'a pas été contenu souffrent d'une surexcitation fiévreuse et finissent par la discorde intérieure. Les peuples jusqu'ici semblent avoir flotté sans boussole entre ces deux écueils. Ouvrons l'histoire.

La civilisation, c'est l'économie du temps et de l'espace, c'est la nature fécondée par l'énergie humaine. Qu'est-ce que la sauvagerie, sinon un état où le travail n'a pas été organisé utilement ? Dans le mouvement de concentration qui donna naissance aux sociétés primitives, l'établissement des castes n'a été qu'une distribution nécessaire et instinctive du travail. Chacun appropria de lui-même sa tâche à ses facultés ; la seule école à suivre étant alors l'exemple paternel, l'hérédité des fonctions devint une nécessité sociale. L'équité naturelle ne semble pas avoir été blessée dans le contrat primitif ; l'effort intellectuel du prêtre, l'impôt du sang payé par le soldat, n'étaient pas des contributions moins onéreuses que la fatigue des œuvres manuelles, et il y avait une sorte d'égalité dans la répartition des fruits. Dans l'Inde, suivant les lois de Manou, dont la plus ancienne rédaction remonte, dit-on, au XIIIe siècle avant notre ère, la propriété foncière était partagée entre les quatre castes, et celles qu'on supposait les moins capables de défendre leurs intérêts, les prêtres et les artisans, étaient affranchies de l'impôt. En Égypte, un tiers du territoire fut également concédé aux classes ouvrières jusqu'à la spoliation opérée, au profit des rois, par l'astucieux Joseph, qui fit descendre le peuple libre à l'état de servage. Il est à remarquer d'ailleurs que les aristocraties de naissance sont, de leur nature, moins rapaces que les aristocraties de fortune. Celles-ci, pour conserver leur pouvoir accidentel, semblent condamnées à s'enrichir, à spéculer sans cesse sur les sueurs de la foule. Au contraire, une caste noble, dont la supériorité est un fait fatal et immuable, n'a pas besoin d'accumuler ; pour parler le langage technique, elle tend plutôt à élever le produit brut qu'à se réserver un produit net [3]. Le nombre, l'aisance, l'énergie du peuple qui lui est soumis étant la mesure de sa propre puissance, ces résultats constituent pour elle un bénéfice suffisant. Si elle impose de rudes corvées aux travailleurs, c'est rarement dans un intérêt égoïste. Son ambition est de perpétuer par des monuments impérissables, par la profusion des œuvres d'art, l'idée religieuse ou politique dont elle-même est l'incarnation vivante. C'est sous l'influence de l'esprit de caste que l'Inde, que la Chaldée, que l'Égypte ont exécuté tant de constructions merveilleuses, tant de fantaisies gigantesques, objets de notre respectueuse admiration. Même remarque est applicable au moyen-âge chrétien. La caste noble, percevant une grande partie de ses revenus en services, en matériaux et en denrées, valeurs qui ne permettaient pas de thésauriser, les employait à ces édifices qui sont encore l'orgueil de nos villes. « On a calculé, dit M. de Villeneuve-Bargemont, qu'avant la révolution, il existait en France 1,700,000 monuments religieux [4], sans compter les chapelles des familles, et que ces monuments contenaient, par terme moyen, 4,292,500,000 statues et autant de têtes peintes. »

Pourquoi donc les sociétés qui accomplissaient tant de grandes choses ont-elles eu peu de puissance effective ? Comment est venue leur décadence politique ? C'est, à part certaines causes morales, que l'intérêt des castes privilégiées, moins clairvoyant que l'intérêt individuel, a spéculé à faux. Leurs œuvres monumentales, si glorieuses qu'elles fussent, rentraient dans la classe des travaux que les froids économistes déclarent improductifs ; elles ne contribuaient en rien à la conservation du capital national ; les peuples, pas plus que les individus, ne peuvent s'épuiser impunément en dépenses stériles. Il est donc probable que les pays soumis au régime des castes s'appauvrirent, et que leur splendeur ne fut pas autre chose que le luxe indigent de ceux qui se ruinent. Un temps vint sans doute où les classes supérieures essayèrent de se soustraire à la déchéance commune en pressurant les basses classes ; de là des privilèges injustes, des entraves à l'industrie, une détresse croissante et irrémédiable. Le peu qu'on entrevoit dans l'histoire nébuleuse de la haute antiquité suffit pour confirmer nos conjectures. L'Inde paraît avoir subi plusieurs révolutions. Si l'Égypte avait été libre et florissante, elle n'eût pas élevé autour de son territoire une barrière infranchissable, qui n'était au fond autre chose qu'un moyen de protection contre la concurrence étrangère ; une force irrésistible d'expansion l'eût au contraire poussée au dehors. S'il avait été permis à la foule de s'enrichir par le travail et l'épargne, elle eût réagi contre la caste dominatrice, ainsi qu'il arriva dans l'Occident au moyen-âge, et elle eût revendiqué des droits politiques, ait lieu de se laisser dépouiller et asservir. Les invasions nombreuses contre lesquelles l'Égypte demeura impuissante sont encore des symptômes de pauvreté et d'atonie ; elle ne pouvait même plus faire les frais d'une bonne défense. Cette contrée ne dut être réellement opulente que vers les derniers siècles de l'ère ancienne, lorsque la propriété, redevenue accessible à tous, transmissible et très divisée, put servir de véhicule aux opérations commerciales et industrielles.

Plusieurs des législateurs de l'antiquité ont entrepris de prévenir l'inégalité des fortunes, en mettant obstacle à l'accumulation des richesses dans les mains heureuses ; leurs mesures restrictives ont eu pour unique effet de former des peuples indigents, inhabiles, tristement concentrés en, eux-mêmes. On distingue dans le monde grec un certain nombre de cités où la circulation a été entravée systématiquement. Sparte est le type exagéré de ces états : n'est-il pas vrai que chez elle il n'y a que des indigents, depuis les ilotes attachés à la glèbe jusqu'aux guerriers barbares de la tribu dominatrice ? Leur vertu paradoxale n'est que de la sauvagerie impuissante. Vienne le jour où Sparte sera appelée à jouer un rôle politique, elle reconnaîtra qu'il est bon d'avoir de l'argent pour former une marine, pour alimenter la coalition qu'elle veut opposer aux Athéniens, et elle sera forcée de répudier les lois de Lycurgue, de mobiliser la propriété, et de recourir à cet agiotage qu'elle a méprisé jusqu'alors.

Qu'on observe au contraire les cités industrieuses où l'émulation n'a pas été comprimée, Athènes, Corinthe, plusieurs colonies grecques, Tyr, Carthage et Rome même, car Rome, à vrai dire, eut aussi son industrie spéciale [5], la guerre, qu'elle fit moins par point d'honneur que pour acquérir et accumuler. Toutes ces nations ont une splendide existence : leur portée politique est immense, leur influence civilisatrice admirable ; mais partout l'inégale distribution des bénéfices sociaux engendre la mésintelligence - l'oligarchie, tôt ou tard, est réduite à céder au nombre, et c'est l'époque fatale de la décadence politique. A Tyr, les émeutes paraissent avoir été fréquentes : le sang coula souvent dans ces rues étroites et assombries par des maisons à plusieurs étages, où la population ouvrière était entassée ; on dit ; même que les esclaves, dans un jour de victoire, se substituèrent aux hommes libres, à ces marchands qui, suivant le prophète Isaïe, étaient riches et fiers comme des princes. Carthage, épuisée par la lutte du riche et du pauvre, était blessée à mort long -temps avant son duel avec Rome. Après le triomphe de la démocratie athénienne, le peuple exige qu'on maintienne à bas prix les denrées, au moyen des monopoles, des réquisitions, des taxes, des primes d'importation. Aussitôt les spéculations commerciales, manquant de base, s'arrêtent, le pays s'appauvrit. Pour soutenir sa splendeur, Athènes est obligée de pressurer ses alliés, et elle provoque ainsi la réaction qui cause sa décadence.

Pour briser les innombrables intérêts qui se croisent dans la trame des relations civiles, il ne faut qu'un accès de fièvre révolutionnaire ; il faut des siècles pour renouer tous les fils rompus. Dans le monde romain, la victoire du parti populaire, sanctionnée par l'établissement du régime impérial, occasionna un déclassement complet de conditions. On n'eut pas beaucoup

Section I.

à souffrir d'abord du bouleversement. Le gaspillage du butin accumulé depuis des siècles, la spoliation des proscrits, les tributs des provinces lointaines, quelques guerres heureuses, permirent pendant longtemps de fournir au peuple du pain et des spectacles ; mais enfin ces ressources s'épuisèrent. Le cercle des conquêtes ne pouvait plus être élargi, et les provinces associées à l'empire ne souffraient plus qu'on les épuisât au profit de l'Italie, Il fallut, pour alimenter la société, réorganiser le travail. Jamais circonstance plus favorable ne fut offerte à des hommes d'état ; le champ était libre, on pouvait construire à nouveau. La chute des grandes maisons, le morcellement des propriétés avait fait déchoir l'esclavage agricole ; les grandes villes industrielles, englobées dans l'empire, avaient perdu avec la liberté leur énergie féconde. Qui eût été assez riche alors pour entretenir, comme autrefois, de ces ateliers d'esclaves où on fabriquait pour la consommation d'une seule famille ? Plus de ces âpres spéculateurs, comme les Scaurus ou les Crassus, qui façonnaient des esclaves à divers métiers pour les louer à la journée. Le génie de la spéculation s'éteignait avec l'ordre des chevaliers ; trop heureux de conserver la fortune acquise, le parvenu vivait obscurément dans ses terres, sans autre ambition que de s'y faire oublier. La stagnation des travaux, la dispersion des anciennes clientèles, les affranchissements forcés ou volontaires, ne cessaient de jeter sur le pavé des villes une foule d'hommes affamés, malgré leur titre sonore de citoyens romains.

Une dissolution complète de la société paraissant imminente, on essaya de la prévenir par une classification nouvelle des éléments sociaux. Les grands jurisconsultes du second siècle mirent sans doute la main à l'œuvre. Les documents, trop rares sur ce point, nous laissent dans le doute sur le véritable esprit de cette réforme. Soit que le capital enfoui eût cessé de vivifier le travail libre, soit que, par philantropie, on eût voulu soustraire les travailleurs à l'agiotage, on imagina une organisation qui n'est pas sans analogie avec l'utopie que poursuivent les démocrates de nos jours. Le système des communautés ouvrières, en vigueur dès les plus anciens temps à Athènes et à Rome, fut généralisé. On créa dans chaque localité autant de collèges qu'il y eut de fonctions, depuis les grandes exploitations jusqu'aux métiers infimes. Les citadins propriétaires, chargés de l'administration municipale et de la perception des impôts, formèrent eux-mêmes, sous le nom de curions, une corporation de capitalistes enrégimentés. — Chaque collège reçoit donc de la munificence des empereurs ou par la cotisation des villes une dot qui devient son premier fonds social et l'outil de son métier ; il est autorisé à se réunir pour l'élection de ses syndics et pour la discussion des affaires de la communauté. Comme intérêt du capital mis à sa disposition, la seule charge qu'on lui impose est de fournir, dans un intérêt général, une certaine somme estimée en produits ou en corvées, selon sa spécialité : l'armurier livre des armes, le voiturier fait des transports, l'histrion amuse la foule. Une révolution analogue s'accomplit dans les campagnes : l'ouvrier rural, esclave pour l'ordinaire, échappe aussi des mains du riche ; attaché au domaine qu'il féconde, il ne peut plus être revendu, ni même chassé ; il n'a plus à craindre de mourir de faim dans sa vieillesse, et il s'éteindra au milieu de sa famille, dont il ne peut plus être séparé. En un mot, l'esclave, transformé en colon, devient un fermier perpétuel et inamovible, libre à l'égard du propriétaire, lorsqu'il a acquitté la redevance convenue en argent, en denrées ou en services.

Cette organisation ne semble-t-elle pas réaliser le progrès qu'on poursuit de nos jours ? L'ouvrier de la fabrique ou des champs, assuré de sa subsistance, indépendant du capitaliste, est garanti contre le chômage et la tyrannie de la spéculation individuelle. A une époque d'inexpérience, cette réforme se généralisa sans obstacle ; le silence de l'histoire le prouve. Les notions qu'on a pu recueillir à ce sujet dans le Code théodosien ou dans les Pandectes nous apprennent que, dès le IIIe siècle, cet engrenage de corporations constituait le principal ressort de la société romaine. Mais à peine ce système est-il en vigueur, qu'une sorte de paralysie se manifeste. En immobilisant le capital, on a asservi l'individu qui doit en faire usage. En effet, pour que l'association se perpétue, il faut que le fonds commun soit inaliénable, et que le travailleur n'en utilise que l'usufruit. Le collégiat participe sans doute aux bénéfices dans la proportion de son aptitude ; il jouit, mais il ne possède pas en propre : sa jouissance même est subordonnée à d'onéreuses conditions ; il perd tous ses droits acquis en quittant la communauté ; son fils ou son gendre n'héritent de lui qu'à la charge de continuer ses fonctions. La population rurale n'est pas moins entravée. La défense de déplacer les colons occasionne sur certains points l'encombrement et la détresse, tandis que des domaines voisins restent déserts et stériles. Les propriétaires n'étant plus maîtres de diriger à leur gré l'exploitation de leur patrimoine, n'ayant qu'un faible intérêt aux améliorations, inutiles au milieu d'un monde qu'ils méprisent, se retirent dans leurs manoirs, où ils gaspillent leurs revenus en vanités ruineuses. L'argent est enfoui, ou il va s'échanger en Orient contre des objets de luxe ; la circulation s'arrête. Cependant le trésor impérial ne peut laisser dépérir ses droits sans compromettre l'existence nationale. À défaut de numéraire, il exige des contributions en marchandises ou en corvées ; la résidence des collégiats dans le lieu où ils ont un service public à remplir devient obligatoire ; ceux d'entre eux qui veulent se soustraire par la fuite aux bénéfices de la communauté sont pourchassés et châtiés comme des déserteurs. Bref, du III$^e$ au V$^e$ siècle, une misère toujours croissante occasionne une mortalité affreuse, et la population industrielle des cités romaines a tant à souffrir, qu'elle considère comme le jour de la délivrance celui où elle passe sous la tutelle des barbares.

Sous la domination franque, les ouvriers ruraux restèrent attachés à la glèbe seigneuriale ; il y eut pour eux changement de maîtres, mais non changement de condition. Les artisans furent, pour ainsi dire, confisqués avec les biens de leurs anciens collèges, et inventoriés comme des instruments serviles dans le domaine des rois. Ainsi, l'asservissement de l'industrie avait conduit des ouvriers jadis libres à un esclavage effectif. À une époque où la circulation métallique était annulée, le seul moyen de gratifier les favoris ou de rémunérer les officiers de l'état était de leur attribuer le revenu d'une terre ou d'une ville. L'hérédité successive de ces bénéfices développa le régime féodal. Cette circonstance explique comment les ouvriers de toutes classes redevinrent, dans chaque localité, les sujets, la propriété des seigneurs. Pendant cette période de transition douloureuse, le travail, avili et entravé, suffit à peine aux besoins urgents de la foule. Les hommes puissants aggravent le mal en se dérobant par le brigandage à la misère commune. La culture est abandonnée, on compte jusqu'à trente années de famine pendant le cours du XI$^e$ siècle.

Mais enfin l'affranchissement volontaire ou forcé des communes rend l'essor au génie industriel. La France donne aussitôt des signes d'une vitalité surprenante. Dans un mémoire dont nous renvoyons la responsabilité à l'Académie des inscriptions [6], M. Dureau de Lamalle avance que la France, dès le commencement du XIVe siècle, avait une population aussi considérable, pour le moins, que celle de nos jours. Ses calculs ont pour base un rôle des contributions acquittées en 1328 dans les dépendances de la couronne, qui composaient alors le tiers du territoire. En suivant une série d'évaluations très modérées, l'auteur arrive, pour la France entière, au chiffre de 34 millions 625,299 habitants, sans compter les serfs et les pauvres, sans compter les nobles et les religieux, que l'impôt n'atteignait pas. Ainsi la population effective n'eût pas été moindre de 40 millions d'âmes. M. Dureau de Lamalle attribue ce résultat surprenant au système de la petite culture à la main, qui aurait multiplié à l'infini le nombre des laboureurs. Nous préférions l'explication donnée naïvement par Hugues de Vienne, archevêque de Besançon, dans la charte d'affranchissement de la ville de Gy, en 1347 « Les affranchis, dit-il, attrairont à Gy, et lour filz et lour filles marieront, ce que ils ne vouloient faire devant, pour la main-morte… Les terres à présent vacantes et non cultivées se planteroient et édifieroient pour quoi li droits du seigneur seroient créhuyz et multipliez. » Beaucoup d'autres seigneurs se dessaisirent de leurs droits par les mêmes considérations que le digne archevêque. Toutefois la spéculation était ruineuse. En augmentant son revenu, la féodalité abdiquait comme pouvoir politique. Le rétablissement de la circulation permit bientôt de substituer aux officiers féodaux, inamovibles sur leurs terres, des fonctionnaires publics, salariés et révocables : simple phénomène économique qui avait la portée d'une révolution. Où donc allait passer la puissance ? Au sein des communes enrichies par le travail libre. Déjà les villes commerçantes de l'Italie, de la Flandre et du nord de l'Allemagne, étaient devenues des puissances politiques dont il fallait tenir compte. C'était avec l'argent des bourgeois de Bruges et des banquiers de Florence que les rois d'Angleterre pouvaient envahir et désoler la France. Les innovations ruineuses de l'art militaire, la nécessité des armées permanentes, l'extension des rapports diplomatiques, la complication du système administratif, l'importance des armements maritimes, exigeaient des ressources financières de plus en plus abondantes. Bref, on en vint à reconnaître que l'état qui pesait le plus dans ce qu'on appelait alors la balance politique était celui qui pouvait s'y placer avec le plus d'argent. Ce fut sous l'influence de cette conviction qu'on commença à rechercher théoriquement les moyens d'enrichir les peuples. L'économie politique, jusqu'alors pratiquée d'instinct par les hommes d'état, devint pour les métaphysiciens l'objet d'une étude abstraite, et entra dans le trésor des connaissances humaines en qualité de méthode rationnelle et de science d'observation.

Il était assez naturel de croire que l'abondance des valeurs métalliques constitue la richesse des nations comme celle des individus. Dans cette conviction, on concluait que le commerce extérieur est l'unique source de fortune, et qu'il faut le diriger de façon à échanger les productions du pays contre les métaux précieux. Les encouragements donnés aux industries factices, les règlements vexatoires, les prohibitions, les guerres injustes, furent les moyens qu'on employa pour faire pencher favorablement la balance du commerce, c'est-à-dire pour vendre beaucoup en achetant le moins possible, et surtout pour obtenir de l'or en échange des marchandises manufacturées. Cette première phase de la science économique constitue le règne du système mercantile, appelé aussi le colbertisme, parce qu'il fut pratiqué par le ministre de Louis XIV sur une échelle proportionnée à la grandeur de son propre génie et à la puissance du maître qu'il représentait. Après un siècle d'expériences fort conteuses, on reconnut que les métaux monnayés sont des marchandises sujettes comme toutes les autres à des dépréciations, et qu'on affaiblit leur valeur en les accaparant. Fie nouvelle évolution eut lieu dans la science sous l'inspiration de Quesnay. La doctrine de ce philosophe fut un progrès sans doute, mais elle eut le défaut d'être exagérée et absolue comme toutes les réactions. Opposés au commerce extérieur, les partisans de l'ordre naturel, les physiocrates, préconisèrent l'agriculture, qui, seule, assuraient-ils, produit des richesses nouvelles, tandis que l'industrie manufacturière transforme seulement les matériaux préexistants sans leur ajouter une valeur supérieure à celle de la main-d'œuvre. En haine des prohibitions, les disciples de Quesnay proclamèrent le principe de la libre concurrence, formulé par cette devise fameuse : Laissez faire, laissez passer.

André Cochut

Après le règne du dogmatisme impérieux et des assertions tranchantes, arrive toujours l'époque de la critique où chacun semble craindre l'ivresse de l'exaltation. Des esprits réservés commencent un travail de vérification, s'emparent de tous les faits éprouvés, les coordonnent, en font jaillir les conséquences, donnent enfin à des hypothèses plus ou moins brillantes l'importance d'une science exacte. C'est pour avoir accompli cette fiche qu'Adam Smith mérite d'être honoré comme le fondateur de l'économie politique. Par une analyse merveilleusement subtile, il a décomposé l'œuvre complexe de l'industrie humaine : il a indiqué les rôles des divers agents de la production, nature, capital, travail, et a élevé certains axiomes à la puissance d'une démonstration mathématique. On peut essayer de combler des lacunes, on peut rectifier ou contredire quelques principes ; mais on s'égarera si on ne suit sa méthode, et, pour le combattre, il faut lui emprunter ses armes.

Dans la vie générale de l'humanité, chaque Age fait son expérience, chaque groupe accomplit sa tâche. Si l'on a suivi les développements historiques qui précèdent, on a pu voir qu'au XVIIe siècle, à une époque ou l'Europe moderne cherchait à se constituer politiquement, la tendance instinctive de chaque peuple était de vivifier toutes ses ressources, afin d'apporter un plus grand poids dans l'équilibre des forces. Le problème proposé à la science nouvelle était celui de la puissance collective des nations. Ce problème, Adam Smith le résolut. De ses démonstrations il résulte que l'industrie libre, que l'émulation des intérêts individuels, sont les moyens les plus prompts et les plus sûrs de donner à un peuple la richesse et la consistance. Malheureusement, des disciples sans retenue, des spéculateurs insatiables, des ministres imprudents, ont poussé, dans la pratique, le système industriel aux dernières exagérations. A leurs yeux, l'idéal d'une nation est un immense atelier où les êtres humains ne sont plus que les pièces plus ou moins sacrifiées d'une machine. La vie humaine est un capital qu'il faut savoir mettre en rapport ; le moteur unique est l'égoïsme personnel dont chacun demeure le seul et unique juge. Les produits ne sont pas faits pour le peuple : c'est le peuple qui est fait pour donner des produits. L'Angleterre semble prendre à la lettre cet axiome de Ricardo : « Pourvu que le revenu net et réel d'une nation, pourvu que ses fermages et ses profits soient les mêmes, qu'importe qu'elle se compose de dix ou de douze millions d'individus ? »

Ce fanatisme n'est pas sans excuse. A la réalisation des prodiges prédits par la science, l'éblouissement ne fut-il pas général ? Sous le règne de l'industrialisme, on vit l'Angleterre fouiller son sol jusqu'aux entrailles, décupler par des machines la force musculaire de ses travailleurs, économiser une portion de la vie par la rapidité des communications, élever ses revenus à plusieurs milliards, dominer sur toutes les mers, asservir d'immenses royaumes, s'assurer des meilleures positions stratégiques, envahir tous les marchés, régenter le crédit, solder une coalition, résister à un grand peuple en verve de conquête, mettre hors de combat le géant du siècle, rester enfin, il faut l'avouer, dût l'orgueil français en souffrir, rester la nation prépondérante. Les résultats obtenus dans le Nouveau-Monde n'étaient pas moins merveilleux. Un demi-siècle avait suffi pour transformer un continent et placer un peuple improvisé parmi les états de premier ordre.

Mais, par un effrayant contraste, à mesure que la richesse nationale augmentait, on voyait un plus grand nombre d'individus tomber dans la classe des indigents. Le paupérisme semblait d'autant plus intense que le foyer d'industrie était plus actif. Une surexcitation générale, et, pour ainsi dire, une fièvre de croissance, développait une population surabondante. A ce sujet, le docteur Malthus laissa tomber des paroles malsonnantes, qui épouvantèrent les malades comme la froide condamnation d'un médecin endurci. Alors les récriminations éclatèrent. On se demanda avec inquiétude si, dans cette armée industrielle qui devait conquérir le monde, les ouvriers ne seraient que des soldats, sans les nobles émotions du champ de bataille, sans espoir d'avancement. On déclara fausse et impie cette science qui, sous prétexte d'enrichir les nations, accable la majorité des hommes qui les composent. M. de Sismondi, après avoir constaté les dangers de la liberté sans limite et de l'égoïsme sans frein, invoqua, au nom des classes ouvrières, l'intervention modératrice des gouvernements. Les utopistes de notre temps, saint-simoniens, fouriéristes, communistes, durent leurs succès passagers à la critique exagérée et violente du système industriel en vigueur. On crut qu'il suffisait, pour moraliser la science, de lui donner une définition plus morale, et on répéta avec M. Droz que « son but est de rendre l'aisance aussi générale que possible. » Aujourd'hui des professeurs accrédités déclarent en pleine chaire qu'après avoir découvert et divulgué le mécanisme de la production des richesses, il reste à résoudre le problème de la répartition des bénéfices acquis. Ceux qui ont accepté ce programme ont la prétention de former une école française, par opposition à celle qui dérive d'Adam Smith [7]. Enfin M. de Villeneuve-Bargemont, n'admettant pour correctif que la charité et l'abnégation évangélique, a rallié des sympathies assez nombreuses pour constituer une école chrétienne.

## Section II.

L'économie politique en est là ; il y a dans son sein réaction flagrante et anarchie. Tous ceux qui, à tort ou à raison, prennent aujourd'hui le titre d'économistes, déclament contre l'école anglaise, à laquelle on n'épargne pas les inculpations outrageantes. Au lieu de maudire les graves théoriciens dont le seul tort est d'avoir, discerné et décrit des phénomènes de physiologie sociale, il serait plus juste de condamner les agioteurs qui se sont emparés des découvertes de la science pour en abuser dans un intérêt égoïste. Quels que soient les coupables, le mal existe, et il est urgent d'y porter remède. Réglementer l'industrie, en répartir les fruits avec équité, soulager, prévenir l'infortune, telles sont les préoccupations qui éclatent jusque dans les titres des publications récentes que nous avons sous les yeux : De la Misère des classes laborieuses [8], par M. Eugène Buret, esprit rigide, cœur chaleureux, dont la perte récente est des plus regrettables ; — du Paupérisme, ce qu'il était dans l'antiquité, ce qu'il est de nos jours, par M. de Chamborant, livre assez faible comme relation historique, mais recommandable par une bonne analyse de l'ancienne législation française et par quelques vues utiles ; — de la Misère et de ses remèdes, thèse dogmatique soutenue par M. d'Esterno en faveur des doctrines anglaises ; — de l'Organisation du travail [9], manifeste -démocratique lancé par M. Louis Blanc ; — Travail et Salaire, par M. Tarbé, déclamation qui tient du sermon et du réquisitoire. — Nous pourrions citer vingt autres opuscules, dont le mérite le plus saillant est celui de la bonne intention.

Déjà l'opinion publique a distingué M. Buret parmi les écrivains qui ont abordé l'effrayant problème du paupérisme. Son livre, dont un fragment a été couronné par l'Académie des Sciences morales, est digne d'une sérieuse attention et d'une sincère estime. Les encouragements de l'Institut lui ont permis de visiter les principales villes de France et d'Angleterre, de contrôler par ses propres impressions les documents officiels et les travaux antérieurs. Ainsi, le mémoire couronné s'est élargi jusqu'aux proportions d'un traité méthodique où toutes les questions sont posées et franchement débattues. Demander, en pareille matière, des solutions nettes et décisives, ce serait supposer à un écrivain une pénétration et une puissance surhumaines. Il n'y a pas de procédés pour refondre d'un seul jet les éléments d'une société vieillie ; c'est l'œuvre fatale du temps et des révolutions. En discutant les mesures proposées comme remède à la misère, nous aurons occasion de relever quelques opinions hasardées. Commençons par rendre hommage au talent de M. Buret et à ses généreuses sympathies : une compassion réelle pour les infortunes d'autrui lui a inspiré des pages dont pourraient s'honorer d'habiles écrivains. Son second livre surtout offre, sur l'état économique de la Grande-Bretagne, des révélations dont la crise à peine épuisée a renouvelé le douloureux intérêt. Nous ne sortirons pas de notre sujet en observant avec attention ce qui se passe dans ce pays ; ce n'est rien moins, comme l'a dit M. Buret, qu'une vérification de l'économie politique par les faits ; c'est une expérience dont les péripéties seront longues et cruelles, niais bien plus concluantes que toutes les controverses des écoles.

Il y a longtemps que la société anglaise s'est accoutumée à considérer la misère des classes laborieuses comme une nécessité sociale. De ce que les crises industrielles, les émeutes d'ouvriers ont été surmontées jusqu'à ce jour, on conclut qu'il en sera toujours ainsi, sans penser que la condition des classes pauvres a été profondément modifiée par la loi substituée, en 1834, au statut d'Élisabeth. Aux termes de cette ancienne législation, chaque paroisse devait procurer aux indigents des moyens de subsistance, soit par un travail productif, soit par l'aumône. Le conseil des officiers municipaux recevait les, demandes, arbitrait les besoins, taxait les riches dans la proportion de leur fortune présumée. Ce système recélait en germe beaucoup de scandales et d'injustices.- L'inégalité des charges entre les localités était révoltante. La loi semblait moins faite dans l'intérêt des pauvres qu'au profit des entreprises de grande culture ou d'industrie. Une allocation supplémentaire étant due à l'ouvrier dont le gain était reconnu insuffisant, le maître échappait à la nécessité de faire vivre ceux qu'il employait ; il pouvait baisser les salaires sans crainte d'arrêter les travaux ; les paroisses payaient en réalité une grande partie de la main-d'œuvre au profit des spéculateurs. Est-il étonnant que, sous un pareil régime, la subvention annuelle accordée au paupérisme, pour l'Angleterre et l'Irlande seulement, ait dépassé 200 millions de francs ?

Cet état de choses, si déplorable qu'il fût, avait du moins l'avantage d'offrir aux malheureux un secours acceptable et d'amortir leur désespoir. Mais, la dépense devenant excessive, une réforme fut jugée nécessaire et opérée en 1834, avec cette décision qui caractérise la politique anglaise. On se proposait de corriger l'inégalité des charges, d'économiser cette part de la subvention qui ne profitait qu'aux chefs d'industrie, et surtout de diminuer le nombre de ceux qui réclament assistance. Ce triple but fut atteint. Aujourd'hui une vingtaine de paroisses forment un arrondissement qui choisit par élection une administration spéciale, appelée bureau des gardiens. Les membres de ce bureau sont juges souverains du droit des pauvres et de l'intérêt des contribuables. On compte environ cinq cents unions de ce genre ; elles correspondent avec un bureau central établi à Londres, vaste administration qui, sous le titre modeste de commission des pauvres, a l'activité et l'importance des plus grands ministères. Pour que l'aumône cessât d'être mi supplément de salaires, il a été posé en principe que les secours ne doivent être alloués aux individus valides qu'à la condition d'un travail quelconque. Or, à défaut d'un labeur pénible, rebutant et d'une rétribution inférieure à celle des dernières industries, la charité anglaise offre aux pauvres l'hospitalité des maisons de travail ou work-house. Qu'est-ce donc que le work-house ? Un vaste bâtiment qui tient de l'hôpital et de la prison [10], où l'on est soumis à une sévère discipline, où l'on porte l'uniforme de la misère, où l'ordinaire se compose de bouillie d'avoine, de légumes et d'eau, sauf deux rations de viande de porc par semaine ; où la séparation rigoureuse des sexes et des âges contrarie les affections de famille et les attractions naturelles ; où l'on est condamné à faire mouvoir des moulins à bras, à subir ce supplice de la meule que l'antiquité infligeait aux esclaves mutins !

Que les hommes d'état de la Grande-Bretagne se félicitent donc d'avoir circonscrit la plaie nationale et réduit de plus de 100 millions le budget de la misère ! Il n'est que trop vrai. A l'assistance qui lui est offerte aujourd'hui, l'ouvrier sans emploi préfère le dénuement absolu, avec ses angoisses et ses ignominies. « J'ai vu dans plusieurs work-houses, dit M. Buret en parlant de l'affreux moulin à bras, j'ai vu des machines de ce genre presque toutes en repos, parce qu'elles avaient mis en fuite les malheureux condamnés à les faire mouvoir, et j'ai la conviction que les plus affreuses extrémités, les dernières souffrances, sont préférables à une pareille charité. Aussi n'est-ce pas une charité que l'on a voulu instituer, mais un épouvantail des pauvres ! Dans les districts où la loi est appliquée rigoureusement, ses effets tiennent du miracle. A Cuckfield (Sussex), plusieurs centaines de pauvres se présentent à l'époque des neiges ; vingt seulement acceptent l'hospitalité du work-house, et, sur ce nombre, quinze l'ont quitté avant le 12 janvier. L'union de Lambourne, composée de dix-huit paroisses, dont quelques-unes assistaient plus de cent pauvres sous l'ancienne législation, n'a plus à sa charge en tout que vingt hommes valides dès que le nouveau système est mis en vigueur. Il est clair, d'après nombre d'exemples pareils, que, si beaucoup de bureaux ne faisaient pas fléchir le règlement en accordant encore des secours à domicile et sans conditions, le bill de 1834 aurait procuré, non pas seulement une économie de cent pour cent, mais une extinction à peu près complète de la taxe des pauvres.

A tout prendre, cette réforme si vantée est une révolution qui aggrave le sort du prolétaire anglais : elle lui enlève cette confiance dans la charité publique, cette assurance contre la faim, qui jusqu'ici peut-être a prévenu les excès du désespoir. Ne serait-ce pas sous l'influence de la loi nouvelle que la dernière crise a pris cette intensité et ce caractère de sombre exaspération qui commence à déconcerter le flegme britannique ? Les économistes qui sympathisent avec l'Angleterre ont coutume de dire qu'il ne faut pas juger l'état de ce royaume d'après les statistiques de la misère officielle. La détresse du poor anglais, assurent-ils, serait ailleurs de l'aisance, et s'il sollicite l'assistance paroissiale, c'est pour obtenir certaines superfluités que se refusent les petits bourgeois et les artisans des autres pays. Cette assertion de Say et de M. de Gérando pouvait être exacte avant 1834 ; mais c'est par inadvertance sans doute que M. Buret la répète aujourd'hui : le tiers de son livre est consacré à la réfuter. Le tableau qu'il trace avec l'énergie d'une aine douloureusement émue est celui de la misère absolue, hideuse, abrutissante.

Pour en juger, suivons M. Buret dans son triste pèlerinage. Ce n'est pas en Irlande qu'il nous conduira ; il n'y a plus rien à dire sur ce pays, où le seul genre d'aisance connu est de ne pas mourir de faim, où la famine et les épidémies sévissent régulièrement du mois d'avril au mois d'août, pendant la pousse des pommes-de-terre, et suspendent pendant quatre mois entre la vie et la mort trois millions d'individus sur neuf. Transportons=nous, au contraire, dans la métropole du peuple le plus riche du monde, de celui qui s'honore d'avoir perfectionné la' science du bien-être matériel. A peu de distance des beaux squares de Londres, derrière ces rues dont on vante avec raison la splendeur et la salubrité, sont des quartiers où l'étranger pénètre rarement, où la police ne s'aventure jamais, dont les pittoresques horreurs ne sont pas même connues de ces élégants touristes qui vont chercher des émotions dans tous les coins du globe. Tel est entre autres le faubourg de Bethnal-Green, qui forme une ville de soixante-dix mille habitants. On nomme ainsi une agglomération de misérables cabanes, entourées d'une enceinte de planches pourries, sur un sol qui n'est pas même nivelé ; sans rues tracées, sans éclairage de nuit, sans ruisseaux pour les eaux impures qui croupissent à l'air en décomposant les immondices. Partout la saleté, l'infamie, la puanteur. La description de cet enfer paraîtrait un caprice de l'imagination, si M. Buret ne la confirmait en employant les termes des actes officiels. Un comité de médecins, institué en 1838 pour inspecter ces quartiers, déclara, dans son rapport à lord Russell, que des espaces de trois à quatre cents pieds sont constamment couverts d'eaux stagnantes, que les matières immondes ne cessent de s'accumuler au milieu de la voie publique, et répandent des exhalaisons mortelles ; que la fièvre est permanente dans certaines rues. Suivant un second rapport, dans un autre quartier, à Schadwell, sur la rive droite de la Tamise, « les habitations sont inférieures en décence et en apparence aux plus sales étables. » Des maisons, des rues entières, sont fréquemment envahies par le typhus, et, « dès qu'un individu est transporté à l'hôpital ou mort, sa place est aussitôt occupée par un nouveau locataire, tant la misère est pressée de remplir ces ruches impures. » Les médecins ont rencontré avec horreur six personnes malades dans une seule chambre, et jusqu'à quatre dans un même lit. En visitant cette cité des pauvres, M. Buret a rencontré fréquemment « des familles nombreuses qui ne possédaient pas un meuble, pas même des planches pour étendre la paille sur laquelle elles reposent : à peine quelques haillons en lambeaux pour cacher leur nudité. » Le docteur Soutwood a donc pu dire sans exagération, dans un troisième rapport, que la misère menace à chaque instant de la peste toute la partie orientale de la ville de Londres.

Qu'on ne dise pas que la fermentation de la plus populeuse cité du monde y développe des désordres exceptionnels. Il n'est pas de grande ville anglaise qui n'ait aujourd'hui sa petite Irlande, c'est l'expression consacrée. A Manchester, dit le docteur Kay, qui a guidé M. Buret dans ses explorations, les ouvriers « ont appris le fatal secret de borner leurs besoins à l'entretien de la vie animale et de se contenter, comme les sauvages, du minimum des moyens de subsistance qui suffisent à prolonger la vie. » Il n'est pas rare d'y trouver plusieurs familles blotties dans une cave humide. Ce qui est plus affreux encore, ce sont les maisons de logeurs où la misère s'avilit au contact du crime, « où les âges et les sexes couchent pêle-mêle, sous un lambeau de là même couverture, sur la même paille, et jusqu'à six dans un même lit. » Croirait-on qu'au milieu d'une telle population se trouvent des parias plus malheureux qu'elle encore ? Dans un réduit où il pénétra, M. Buret trouva une femme récemment accouchée, un homme malade, et un enfant mort que ses parents conservaient depuis dix jours, faute d'argent pour le faire enterrer. C'étaient de ces Irlandais maudits auxquels Manchester refuse toute charité, même celle de la sépulture. A Spitalfields, il a été constaté que beaucoup d'ouvriers ne vont pas à l'église par défaut de vêtements. Dans la fastueuse Liverpool, le septième de la population, quarante mille individus, n'ont pour asiles que des caves, et cinq mille familles favorisées campent dans des cours. A Leeds, les commissaires ont remarqué que de temps en temps les égouts débordent dans les caves habitées. Suivant la dernière enquête, deux mille huit cents familles de Bristol n'ont qu'une seule chambre : mêmes observations pour Nottingham, Newcastle, etc.

Après de telles descriptions, on reste stupéfait en lisant : « Les grandes villes d'Écosse nous offrent, dans les quartiers habités par les classes pauvres, plus de misère, plus de dénuement encore que dans les plus mauvais districts des villes anglaises. » Les expressions semblent manquer au commissaire du parlement, M. Symons, pour décrire le quartier de Glascow, appelé les Wynds. Qu'on se représente un labyrinthe de ruelles sur lesquelles s'ouvrent une multitude de passages qui conduisent dans de petites cours carrées, et, dans chacune de ces cours, une vingtaine d'êtres humains, entassés pêle-mêle sur de la paille moisie, hommes, femmes, enfants, les uns vêtus, les autres nus, sans ressources plus assurées que le vol et la prostitution, sans autre perspective qu'une mort ignominieuse. Bans cet abîme de dégradation, on ne conserve pas plus le sentiment des devoirs de famille que le respect de soi-même. Les enfants abandonnés obstruent la voie publique, comme des animaux immondes. » - Il n'y a, je l'affirme, dit M. Buret, que les pourceaux dont l'éducation physique soit comparable à celle des enfants du bas peuple en Angleterre. » Quant à la plupart des parents, leur unique ambition est d'oublier leur triste sort dans la somnolence d'une ivresse fangeuse, plaisir funeste et cruellement expié. La fatigue des excès envenime les souffrances de la misère et abrège la vie humaine de moitié. Le chiffre moyen des décès, qui, pour l'Angleterre prise en masse, est de 1 sur 41, s'élève, à Liverpool et dans les grandes cités industrielles, dans la proportion de 1 sur 24. A Glasgow, suivant les calculs du docteur Cowan, les fièvres contagieuses ont attaqué 109,385 personnes pendant les cinq années qui se terminent à 1840, et, de 1831 à 1841, la moyenne des décès des enfans au-dessous de cinq ans e augmenté de 70 pour 100.

M. Buret rassemblait ces tristes documents en 1840. A la première lecture, nous avons soupçonné l'auteur d'exagération et de pessimisme ; mais son récit a été trop bien confirmé par des cris de détresse qui retentissent encore. Ecoutons un organe du

Section II.

radicalisme [11] : « On nous parle aujourd'hui de ceux qui vivent… quelle dérision ! De ceux qui languissent, faudrait-il dire, qui succombent avec 8 pence et demi par semaine (85 centimes) ! On vous cite ces choses en plein parlement… etc. » On sait que récemment lord Kinnaird a présenté une supplique pour provoquer encore une enquête, c'est le remède ordinaire, sur l'état des classes ouvrières, proposition qui a été repoussée comme inutile et intempestive. Des faits avancés par le noble lord, il résulte que, dans la plupart des villes manufacturières, la consommation des denrées de première nécessité (pain, viande, bierre, épicerie, etc. ), a baissé de 40 pour 100 depuis deux ans ; qu'à Manchester, par exemple, on a compté 2,000 familles sans un lit, et 8,666 personnes réduites à un revenu de 1 shelling 2 pence et demi par semaine (1 franc 30 centimes environ) Les aumônes sous toutes les formes, la mortalité, les délits, les crimes, suivent la misère dans sa fatale progression.

En accumulant des faits déplorables, nous ne prétendons pas dresser un acte d'accusation contre la politique anglaise. Chez nous-mêmes, les progrès de la richesse matérielle ne sont-ils pas douloureusement achetés ? Le neuvième de la population française est réduit à l'état d'indigence, et destiné à mourir à l'hôpital. Dans la répartition du revenu national, sept à huit millions d'individus, assure-t-on, n'obtiennent régulièrement que 91 francs par tête, c'est-à-dire 450 francs environ pour la dépense annuelle d'une famille. Dans la plupart des états qui n'exigent pas de dextérité, la rétribution de la main-d'œuvre tombe souvent au-dessous de ce strict nécessaire que les économistes ont appelé le taux normal. L'auteur de Travail et Salaire, qui est magistrat à Reims, a décomposé minutieusement le budget des ouvriers employés dans les fabriques de cette ville. Le gain annuel d'une femme, dans la force de l'âge, s'élève à 248 francs. Pourvu qu'elle ne se repose que le dimanche, et qu'elle se contente de pain et d'eau, elle pourra arriver sans dettes à la fin de l'année, si toutefois, ajoute M. Tarbé, elle n'a besoin de rien dans son ménage, s'il n'a pas fallu remplacer ses vêtements usés, si elle a trouvé de l'ouvrage tous les jours, si elle n'a pas été malade. » Mais les crises, les suspensions de travaux sont fréquentes, inévitables. Quelle sera donc la ressource des ouvrières de Reims ? On craint d'insulter au malheur en reproduisant des faits trop connus.

La misère, si grande qu'elle soit en France, n'y tombe que par exception à ce degré d'avilissement qui est commun en Angleterre. La charité est ingénieuse chez nous à relever le moral des indigents, et, depuis quelques années, les administrations municipales rivalisent de zèle pour faire disparaître les anciens foyers d'infection. Cependant, à Lille comme à Liverpool, quatre mille personnes vivent encore dans ces caves où l'on descend par un escalier qui sert à la fois de porte et de fenêtre. A Reims, à Mulhouse, comme à Glascow, il n'est pas rare de trouver plusieurs familles dans une même chambre, sur la même paille : les logements de ce genre sont très recherchés. Une chambre de dix à douze pieds carrés, basse, sombre, malsaine, se loue de 72 à lob francs, prix supérieurs relativement à celui des somptueuses habitations. Aussi beaucoup d'ouvriers de ces villes ont-ils pris domicile dans les villages voisins. Ils sont mieux logés à moindre prix ; mais à la fatigue d'une journée de travail ils doivent ajouter celle d'une marche de deux à trois heures. Chaque pays peut mesurer la condition de ses classes inférieures au moyen des tables de mortalité. A Paris, dans le premier arrondissement, il meurt annuellement 1 individu sur 52. Dans les quartiers où sont entassés les pauvres, dans le douzième arrondissement, la mortalité est de 1 sur 26. A Mulhouse, la durée probable de la vie pour les enfants qui naissent dans la classe aisée est de 29 ans. Elle n'est que de deux ans pour les enfants de l'industrie cotonnière ; la moyenne générale de la vie, qui, en 1821, était, dans cette même ville, de 25 ans, y est descendue à 21 ans. Nous avons hâte d'ajouter, pour adoucir les teintes sombres de ce tableau, que l'existence du pauvre est encore moins menacée aujourd'hui que ne l'était anciennement celle du riche. On a calculé qu'au XVIe siècle, époque d'agitation et de guerre civile, la moyenne de la mortalité annuelle à Paris était de 1 sur 17. Pendant le siècle suivant, la proportion s'éleva à 26, c'est-à-dire que, sous la domination resplendissante de Richelieu et de Louis XIV, les chances de vie étaient précisément pour les privilégiés ce qu'elles sont aujourd'hui pour les plus misérables.

Section II.

## Section III.

Nous avons montré le mal sans l'affaiblir. Nous espérons donc que notre sincérité ne sera pas mise en doute, maintenant qu'il nous reste à rechercher si les remèdes proposés ne seraient pas plus dangereux que le mal lui-même. Quand on a consulté les écrits relatifs au paupérisme, on demeure étonné de la multitude et de la diversité des causes assignées à la misère. De ces causes, les unes sont personnelles, comme la paresse et l'immoralité trop communes dans les classes inférieures ; les autres sont fatales et heureusement passagères, comme les guerres et les fléaux meurtriers : le plus ordinairement, le mal a sa racine dans les institutions du pays, et dérive du régime politique, des impôts, des monopoles, de l'impéritie des gouvernements. La difficulté qui domine toutes les autres est la pondération du capital et des salaires. Il est difficile d'aborder sans émotion cette controverse qui a été envenimée si souvent par l'esprit de parti, ou par l'irritation fort excusable de ceux qui souffrent. Soyons calmes, s'il se peut, pour bien voir ; soyons sans passion pour juger sainement.

Qu'on se figure un pauvre paysan dénué d'instruments et réduit à gratter péniblement un coin de terre inculte : il fait une dépense énorme de ses forces pour obtenir au jour le jour une chétive existence. Parvient-il à économiser sur ce qu'il récolte la valeur représentative de plusieurs journées de son travail ; il achète une bêche, au moyen de laquelle, sa, tâcher est, moins fatigante et plus productive : il est devenu, pour ainsi dire, un homme double. L'épargne lui est d'autant plus facile que le bénéfice est plus grand : avec le temps, il achètera un cheval, une charrue et dès-lors il, aura concentré, en lui-même la puissance d'une douzaine d'hommes. Qu'on pousse la progression à ses dernières limites, et on arrivera au banquier qui tient condensée dans son portefeuille une force équivalente à celle de plusieurs millions d'êtres humains ; car l'argent ajoute à la valeur individuelle de son possesseur toute la vitalité de ceux qu'il peut salarier. A ce point de vue, un grand capitaliste nous apparaîtra comme une sorte de Jupiter, qui, d'un seul froncement de ses sourcils, peut faire entre les peuples le calme et la tempête. Nous avouons qu'il est difficile de résister à un premier mouvement de dépit, en voyant une puissance exorbitante attribuée à des hommes qui la justifient assez rarement par leur mérite ; nais, en s'élevant au-dessus de ces considérations mesquines, et abstraction faite des individus favorisés par l'aveugle fortune, on reconnaît que la surabondance des richesses en certaines mains est avantageuse pour la société entière. Dans un état de civilisation peu développé, avant la formation d'un capital mobile et consacré au jeu des grandes spéculations, il faut que les gouvernements conservent, pour les circonstances imprévues, un trésor en espèces métalliques, ce qui stérilise des sommes énormes enlevées à la circulation ; ou bien il faut, dans les jours de crise où l'impôt ordinaire est insuffisant, procéder par réquisitions brutales, et accabler les citoyens, en leur arrachant d'un seul coup une partie de leur avoir. Mais lorsqu'un superflu existe, l'état l'attire à lui selon ses besoins, par l'appât de la rente qu'il lui offre : sans ces capitalistes, aussi nécessaires qu'ils sont enviés, on ne pourrait faire la grande guerre qu'avec des levées en masse ; on ne pourrait exécuter les grands travaux d'utilité publique qu'en rétablissant les corvées.

Il y a d'ailleurs une exagération blâmable à dire, comme M. Buret, que, la richesse exerce dans notre société droit de vie et de mort sur le pauvre. Si la souveraineté de l'argent est incontestable, elle n'est pas absolue. Le capital a tout autant besoin du travail que les travailleurs ont besoin de lui, et, dans leur coopération nécessaire, chacun à son tour peut faire la loi. Nous ne répéterons pas avec Say que le travail est une marchandise comme toutes les autres, dont le prix se règle par le rapport de la demande et de l'offre. Un ouvrier tisserand, nommé John Scott, appelé récemment devant un comité d'enquête, a donné une leçon aux docteurs qui l'interrogeaient, en faisant observer que le caractère d'une marchandise est de pouvoir être accumulé, mais que le labeur d'un journalier n'est pas susceptible d'accumulation, et que toute heure non rétribuée est perdue pour lui sans dédommagement. Cette démonstration, si juste qu'elle soit, n'est applicable qu'à un cas exceptionnel, c'est-à-dire, aux temps de chômage. En thèse générale, la grande loi développée par Smith n'en est pas moins vraie. Il y a pour les nations prises collectivement, comme pour chaque industrie en particulier, des périodes ascendantes, où les produits trouvent un débit facile et croissant, où le marché extérieur s'élargit sans cesse ; il y a aussi une période descendante, où le marché se rétrécit, où les exploitations deviennent languissantes et ingrates. Dans l'époque de croissance, la demande des bras fait surenchérir les salaires ; l'ouvrier profite de la concurrence que se font les maîtres, et s'épanouit dans l'aisance. Lorsque vient au contraire une époque d'affaissement, à mesure que la nation, perdant de son crédit à l'extérieur, est plus pressée par la concurrence, la subvention offerte au travail s'amoindrit. Les entrepreneurs ne se retirent pas sans combat devant leurs rivaux étrangers : ils réduisent par tous les moyens imaginables les frais de production ; il ne suffit plus d'abaisser les salaires, il faut remplacer successivement les hommes adultes par des femmes, celles-ci par des enfants, et autant que possible les enfants par des machines. Mais il est difficile de s'arrêter sur une pente fatale. La somme des bénéfices à répartir diminuant sans cesse, il y a des chômages, c'est-à-dire, des intermittences dans l'emploi du capital fixe, et c'en est assez pour ruiner les entrepreneurs dont la fortune n'est pas bien assise. Quant au capital circulant, il se transporte dans les emprunts étrangers, ou il met un prix excessif à la propriété foncière, ou bien enfin il s'épuise dans les dépenses improductives, dans un luxe insolent et corrupteur. Cependant la population ouvrière, qui n'a pas le privilège de se déplacer, se dispute le peu de travail qui lui est offert, s'épuise par la concurrence qu'elle se fait à elle-même, abaisse chaque jour le niveau de ses besoins. Le haut prix mis aux terres enchérit toutes les denrées de nécessité première à mesure que les salaires s'affaiblissent. La richesse générale et évidente du pays n'est qu'un motif d'exaspération pour ceux qui souffrent. Démoralisée par le besoin, la foule arrive à un état d'imprévoyance bestiale, dont l'effet ordinaire est un suraccroissement de population, et la misère engendre la misère, jusqu'au jour où se dressent les affreux fantômes évoqués par Malthus, la guerre civile, ou les fléaux qui dévorent les hommes.

De ce triste tableau des vicissitudes de l'industrie, il résulte du moins que l'ouvrier n'est pas victime d'une rapacité systématique, ainsi que de dangereux amis voudraient le lui faire croire. Au contraire, il y a presque toujours solidarité entre le spéculateur et le salarié ; ils subissent en même temps les oscillations de la perfide bascule dont on ne sait pas encore atténuer les chocs douloureux. Une seconde remarque sur laquelle nous insistons, c'est qu'en dépeignant la décadence d'un peuple, nous poussons jusqu'à ses dernières limites une, progression théorique. Dans la réalité, les choses ne se passent presque jamais ainsi. Il est rare que toutes les industries souffrent à la fois. Dans la plupart des états, la constitution sociale prévient les dangers extrêmes de la liberté industrielle. Par exemple, en France, la séparation du capital et du travail n'est, pour ainsi dire, qu'une exception : elle n'a lieu que dans la grande industrie ; nais cinq millions de chefs de famille propriétaires fonciers font supposer que plus de vingt millions d'individus participent à la double condition de capitalistes et de travailleurs [12]. Notre pays, d'ailleurs, est encore dans la phase progressive, et, si certaines classes éprouvent du malaise, il serait possible de leur assurer un refuge dans plusieurs autres professions qui sont en voie de prospérité. La plus riche, la plus superbe des nations est la seule qui paraisse destinée à subir jusqu'au bout les conséquences d'un industrialisme sans frein. Eu Angleterre, entre ceux qui possèdent et les travailleurs, il y a un abîme infranchissable. La population des champs n'y est pas plus favorisée que celle des villes. On n'y connaît plus ces humbles paysans qui vivent, comme chez nous, à la condition de fertiliser un coin de terre ; il n'y a que des fermiers entrepreneurs de grande culture et de pauvres journaliers occupés irrégulièrement, avec un salaire réduit chaque jour par la concurrence. Tout le revenu territorial étant absorbé par quelques centaines de familles aristocratiques, la nation presque tout entière a pour uniques ressources les profits de la spéculation. Pour l'Angleterre, le monopole du commerce n'est rien moins qu'une condition d'existence. Pour soutenir la guerre industrielle, elle a économisé sur ses frais de production à tel point que, dans l'industrie des tissus, les prix de fabrique ont été abaissés graduellement de 12 à 1. Malgré son ingénieuse activité, des prohibitions ou des rivalités heureuses l'ont écartée de plusieurs marchés, et sa population ouvrière, augmentée artificiellement par des machines qui remplacent, dit-on, quatre-vingt-quatre millions d'hommes, est tellement surabondante, qu'il y a partout encombrement et malaise. Récemment, une commission d'enquête, après avoir déclaré que les tisserands à la main ne pouvaient plus vivre, même par un travail de seize heures par jour, ajoutait ces lamentables paroles : « Nous n'osons pas dire si ces hommes, libres

Section III.

de prendre d'autres occupations, en pourront trouver ; l'agriculture n'a pas besoin d'eux, ni aucune autre industrie non plus ! » Que feront-ils donc ? On frissonne à la seule réponse qui soit possible.

Tout en tenant compte de la différence qui existe entre la constitution britannique et celle des autres peuples, on ne peut voir, sans inquiétude pour l'avenir, ce vertige industriel qui tourmente l'Europe entière. N'y aurait-il pas moyen de constituer l'industrie sans amortir son principe fécond, de concilier les droits des individus qui produisent avec les intérêts généraux de la société ? Voilà ce que se demandent aujourd'hui les hommes d'état et les économistes de tous les pays. Or, dans cette controverse comme dans tous les débats de ce monde, nous retrouverons trois groupes principaux : aux extrémités, des opinions tranchées, contradictoires, et au milieu, ceux qui cherchent la conciliation des principes et des intérêts. D'un côté sont les théoriciens qui voient tout le' mal dans les restrictions apportées à la doctrine du « laissez faire, laissez lasser. » A l'opposé se dresse un parti violent et expéditif, qui n'hésiterait pas à sacrifier la liberté industrielle. Le parti intermédiaire se compose de ceux qui voudraient, non pas asservir l'industrie, mais lui imposer le frein des règlements, la garantir elle-même de ses propres excès.

## Section IV.

La liberté illimitée du commerce a pour apôtres les économistes qui sont restés fidèles aux traditions et à la méthode d'Adam Smith. Surpris à l'improviste par le soulèvement des adversaires de l'école anglaise, ils se sont ralliés et ont repoussé les attaques d'une façon ingénieuse, sinon décisive. S'il y a désordre et souffrance dans le monde commercial, c'est, disent-ils, parce que la prétendue liberté du commerce n'est qu'un mensonge. En tous pays, la spéculation est faussée par des douanes, des monopoles, des tarifs qui repoussent les marchandises étrangères, des primes à la sortie des produits nationaux, et autres moyens de protection qui ne sont qu'un impôt prélevé sur le consommateur, au profit des entrepreneurs indolents ou inhabiles. Si chaque pays, consultant seulement son climat, ses aptitudes ou ses moyens financiers, se contentait de fabriquer ce qu'il peut fournir avec le plus d'avantages ; si l'échange des produits était libre entre les peuples, il y aurait équilibre de toutes les facultés, satisfaction de tous les besoins. Les effets désastreux de la concurrence seraient neutralisés : chaque pays, pouvant calculer sa production sur un débit à peu près assuré, ne pousserait plus à l'accroissement de la classe ouvrière, en donnant à son industrie une extension démesurée. Examinons au contraire ce qui se passe dans le domaine de la réalité. Toute marchandise qui a besoin d'être protégée contre l'importation étrangère est supérieure en prix ou inférieure en qualité : la différence est donc une perte réelle infligée au public qui consomme. L'industrie privilégiée commence par réaliser des bénéfices, et sa propriété attire vers elle des capitaux qui lui font prendre un développement exagéré. Alors, de fatiguée par la concurrence qu'elle doit soutenir à l'extérieur dans des conditions défavorables, elle achève sa ruine à l'intérieur par la concurrence qu'elle se fait à elle-même. Pour soutenir cette double guerre, elle est obligée de sacrifier les ouvriers qu'elle emploie. Ce n'est pas tout : la prétention de vendre sans acheter est une folie ; les nations voisines dont vous avez usurpé les spécialités usent forcément de représailles, et proscrivent vos produits naturels. Ainsi les industries légitimes tomberont en langueur comme les industries factices : dès-lors, travail insuffisant, abaissement des salaires, misère et anxiété générales.

Théoriquement, cette démonstration est inattaquable. Il n'est pas douteux que les prohibitions sont funestes, et que le devoir des administrateurs est de les réduire autant que possible ; mais, relativement au cas spécial qui nous occupe, il nous semble que les économistes de l'école anglaise ont éludé la difficulté plutôt qu'ils ne l'ont résolue. Le remède qu'ils proposent pour le soulagement de la classe ouvrière n'a qu'un défaut, celui d'être en quelque sorte inapplicable dans l'état actuel des relations internationales. Ceux qui avancent le principe y posent eux-mêmes des restrictions qui suffiraient pour en neutraliser l'effet. De leur aveu, il y aurait imprudence à laisser dépérir les industries indispensables pour la sécurité et la subsistance d'un peuple. Il ne faudrait pas, par exemple, s'exposer à être affamé par une coalition qui gênerait les arrivages. On ne doit pas non plus, renoncer à la fabrication des armes, à l'élevage des chevaux, quand même il serait démontré qu'on peut en

Section IV.

obtenir au dehors à meilleur compte que chez soi. On admet aussi qu'un gouvernement doit accorder une protection temporaire aux industries qui peuvent être naturalisées avec avantage. On nous accordera sans doute que certaines circonstances imprévues pourraient nécessiter encore l'intervention protectrice des gouvernements : dans le cas, par exemple, où un pays verrait son exploitation spéciale mise en péril par quelque grande invention mécanique, ou bien, s'il arrivait qu'un voisin déloyal, spéculant sur la supériorité de ses capitaux, se résignât à vendre à perte pendant quelque temps pour désorganiser les fabriques rivales, et rester ensuite le maître du marché. Ajoutons enfin que les revenus des douanes figurent trop bien dans les chiffres d'un budget pour qu'on y renonce facilement. Il résulte de ces considérations que la liberté limitée du commerce extérieur, si désirable qu'elle soit, soulève de grands obstacles dans l'application, et que de longtemps la suppression des monopoles ne sera assez générale pour améliorer d'une manière décisive le sort de la classe ouvrière.

C'est cependant de la suppression des taxes prohibitives que l'Angleterre attend un soulagement à ses maux. On sait que sir Robert Peel a signalé son avènement en réduisant les droits d'importation sur sept cent cinquante articles environ, et il faisait allusion à ce dégrèvement lorsque, interpellé en plein parlement sur ses intentions à l'égard des ouvriers, il répondit que, ne connaissant aucun remède d'une application immédiate, tout son espoir consistait dans l'effet des mesures prises pour activer les transactions avec l'étranger. Sera-t-il possible d'aller bien loin dans cette voie où un grand ministre ose mettre le pied ? Osera-t-on toucher à ces monopoles qui se combinent d'ancienne date avec la constitution, et ont acquis une sorte de légitimité ? Libre introduction des céréales ! voilà le cri d'un peuple affamé ; mais le jour où on y ferait droit serait, pour l'Angleterre, celui d'une révolution fondamentale. La prohibition des blés étrangers, forçant le prix de cette denrée, a permis de mettre en culture, depuis un siècle seulement, plus de 6 millions d'acres de terre qui jusqu'alors avaient été négligés ; parce qu'ils n'eussent pas payé le défrichement. La concurrence des blés étrangers suspendrait aussitôt l'exploitation de toutes ces terres faibles ; la ruine de l'agriculture frapperait de déchéance l'aristocratie, qui en tire ses principaux revenus : l'Angleterre deviendrait exclusivement industrielle. Nous ne savons pas d'ailleurs si la classe ouvrière, prise en général, gagnerait beaucoup à cette transformation. Les achats de marchandises fabriquées que les étrangers paieraient avec leur blé, donneraient sans doute aux manufactures une impulsion considérable ; mais la détresse de l'agriculture réduirait aux abois la population rurale, déjà fort misérable, et il faudrait qu'elle se dirigeât vers les ateliers, où son affluence déprécierait de nouveau la main-d'œuvre.

Parmi les dernières publications que nous avons sous les yeux, nous ne trouvons qu'un seul livre favorable aux doctrines anglaises c'est celui de M. d'Esterno. Théoricien sentencieux et inflexible, ce publiciste déclare qu'il est inutile de se préoccuper du problème de la distribution des richesses. Il ne voit de salut que dans la liberté absolue de la spéculation et dans l'élévation progressive du produit net. Plus on augmentera, dit-il, le bénéfice total de la nation, et plus sera grande la part des pauvres. C'est là encore une de ces assertions qui, présentées d'une façon absolue, deviennent des erreurs. Pour la réfuter, il suffit de montrer cette Angleterre où la spéculation, à coup sûr, a toujours poursuivi assez vivement le produit net. M. d'Esterno croit-il qu'il dépend toujours d'une nation de se procurer des bénéfices ? Ne savons-nous pas que la richesse surabondante, lorsqu'elle ne trouve plus à réaliser des profits dans les ateliers nationaux, se transporte à l'étranger, en laissant inactive et affamée la population ouvrière ? Ces crises, pour M. d'Esterno, ne sont jamais que passagères, et il les envisage avec un stoïcisme merveilleux. « Il sait que les champs de bataille sont ordinairement jonchés de cadavres et de blessés. » Au surplus, son livre, qui annonce un esprit pratique et calculateur, se recommande par de bonnes pages sur les vaines pâtures, les déboisements, les inconvénients de la petite culture, et les ressources qu'une amélioration de notre régime communal pourrait fournir aux ouvriers ruraux.

## Section V.

Achetée par une lutte de plusieurs siècles, célébrée par nos pères comme la plus importante de leurs conquêtes, la liberté de l'industrie a peut-être aujourd'hui plus d'adversaires que de partisans. Par une inconséquence digne de notre époque, ce sont surtout les démocrates qui se montrent le plus disposés à sacrifier l'indépendance du travail, sans songer qu'elle a été jusqu'à ce jour la base de l'indépendance politique du travailleur. Ceux qui se disent exclusivement les avocats du peuple prétendent avoir trouvé le secret de détruire ce qu'ils appellent la tyrannie du capital, et de soustraire l'ouvrier à la misère, en lui assurant un salaire toujours proportionné à ses besoins légitimes. Sans parler des formules communistes, nous connaissons plusieurs combinaisons qui ne sont que des variantes d'une idée fort répandue aujourd'hui, et cette idée, la voici : remplacer les capitalistes particuliers, en leur substituant pour chaque industrie un fonds social, impersonnel, inaliénable, de main-morte en un mot ; fonds extensible par l'accumulation d'une partie réservée des bénéfices, de manière à former des associations ouvertes à tous les ouvriers de même métier, et au sein desquelles la direction des travaux et l'équilibre des intérêts seraient réglés en vertu du principe électif. On voit qu'une telle réforme aboutirait à la plus complète, à la plus étonnante des révolutions sociales. Essayer d'en apprécier l'équité et les effets politiques, ce serait se lancer dans l'infini. Il s'agit ici seulement d'épuiser une thèse économique, de rechercher jusqu'à quel point est possible et désirable pour les ouvriers eux-mêmes la charte industrielle qu'on leur propose. Pour spécialiser nos critiques, nous les appliquerons au projet d'association universelle développé par M. Louis Blanc dans la seconde édition de son Organisation du Travail.

Suivant le hardi publiciste dont nous conservons autant que possible les expressions, le gouvernement lèverait un emprunt dont le produit serait affecté à la création d'ateliers sociaux dans les branches les plus importantes de l'industrie nationale. Les représentants du peuple discuteraient et voteraient les statuts de ces ateliers. Seraient appelés à y travailler jusqu'à concurrence du capital primitivement rassemblé pour l'achat des instruments de travail tous les ouvriers qui offriraient des garanties de moralité. Provisoirement, et jusqu'à ce qu'une éducation nouvelle eût changé les idées et les mœurs, la différence des salaires serait graduée suivant la hiérarchie des fonctions, que le gouvernement réglerait pour la première année ; mais pour les années suivantes, les travailleurs ayant eu le temps de s'apprécier l'un l'autre, la hiérarchie sortirait du principe électif. On ferait tous les ans le compte du bénéfice net, dont il serait fait trois parts : l'une serait répartie par portions égales entre les membres de l'association ; l'autre serait destinée à l'entretien des malades et des infirmes, et à l'allégement des crises qui pèseraient sur d'autres industries ; la troisième enfin serait consacrée à fournir des instruments de travail à ceux qui voudraient faire partie de l'association, de telle sorte qu'elle pût s'étendre indéfiniment. « Il va sans dire que le salaire devrait, dans tous les cas, suffire largement à l'existence des travailleurs, » mais chaque membre de l'atelier social disposerait de ses gains à sa convenance. Les capitalistes appelés dans l'association toucheraient l'intérêt du capital par eux versé, lequel serait garanti par le budget. Il y aurait lieu d'établir entre tous les ateliers appartenant au même genre d'industrie le système d'association institué dans chaque atelier en particulier, car il serait absurde, après avoir tué la concurrence entre individus, de la laisser subsister entre corporations. Chaque sphère de travail aurait donc un atelier central duquel relèveraient tous les autres, en qualité d'ateliers supplémentaires. Le commerce, qui est aujourd'hui le ver rongeur de la production, serait seulement associé aux chances bonnes ou mauvaises de l'industrie. Il suffirait que chaque atelier social eût un nombre de magasins et de dépôts en rapport avec les besoins de la population. La réforme agricole s'opérerait sur les mêmes bases. Chaque commune arriverait, par la suppression des successions collatérales, à se former un domaine qu'on rendrait inaliénable, domaine qui ne pourrait que s'étendre, et dont l'exploitation aurait lieu sur une grande échelle, suivant les lois conformes aux statuts des ateliers sociaux.

 Dès la première lecture, les projets de ce genre soulèvent tant d'objections, qu'on éprouve quelque peine à les coordonner. La première remarque à faire est l'incompatibilité d'un tel régime avec le système des relations commerciales qui unit présentement les nations civilisées. Pour réprimer les effets de la concurrence, on se priverait de ses incontestables avantages. En effet, que le minimum suffisant des salaires soit taxé par les représentants du pays, ou par les ouvriers eux-mêmes, il est évident qu'on ne peut assurer une large existence aux associés qu'en élevant beaucoup la rétribution de la main d'œuvre. Dès-lors, il faut renoncer au commerce extérieur, car c'est presque toujours cette fatale nécessité de soutenir, la concurrence sur les marchés lointains qui détermine l'abaissement des salaires. Si les ouvriers voulaient soutenir la guerre commerciale contre l'étranger, ils se placeraient eux-mêmes dans une condition à peu près égale à celle dont ils se plaignent aujourd'hui, car nous démontrerons que leur part dans les bénéfices ne serait pas pour eux un dédommagement. Si, au contraire, ils renonçaient aux chances de l'exportation, ils suspendraient un roulement qui, aujourd'hui, s'élève à deux milliards soixante-trois millions. Ce qui ruinerait infailliblement le commerce extérieur, ce serait moins encore la difficulté de fabriquer à bas prix que la nécessité absolue de prohiber presque toutes les marchandises étrangères. Que deviendraient vos ateliers sociaux, si vous laissiez circuler des produits étrangers des conditions préférables à celles que vous pourriez établir vous-mêmes avec vos salaires taxés ? Il y aurait donc nécessité de renforcer toutes les barrières, de parquer tristement lallation, du moins jusqu'à ce qu'on inaugurât cette diplomatie entrevue par M. Blanc dans les nuages de l'avenir ; diplomatie qui substituera aux rivalités dévorantes « un système d'alliances fondé sur les nécessités de l'industrie et les convenances réciproques des travailleurs dans toutes les parties du monde. »

Nous demanderons en second lieu comment on s'y prendrait pour élargir réellement l'existence des travailleurs. Jusqu'ici, l'ignorante humanité a réglé ses besoins et ses désirs sur ses ressources. On nous propose de mettre les ressources de chacun au niveau de ses désirs, ce qui serait préférable assurément ; mais il nous semble qu'une augmentation de salaires, pour devenir efficace, doit être partielle et relative en la supposant générale, son unique effet serait d'élever le coût de toutes les consommations dans la proportion de la prime obtenue par le salarié. Le cordonnier additionne ses frais de loyer, d'aliments, de vêtements, de meubles ; de livres ; etc., et le total lui donne le chiffre du salaire qu'il ambitionne. Pendant ce temps, le maçon, le laboureur, le tisserand, l'ébéniste, l'imprimeur, font un calcul semblable : ce concert de prétentions, si justes, si modérées qu'elles soient, détermine forcément un enchérissement de tous les objets d'échange. Le salaire qui satisfaisait hier le cordonnier lui paraît insuffisant aujourd'hui, et il en est de même dans tous les corps d'état. Si, pour sortir de ce cercle vicieux, le pouvoir, quel qu'il fût, fixait un maximum de prix pour les denrées de première nécessité, pour le pain, le vin et la viande, par exemple, il faudrait enlever aux ouvriers des champs le droit d'évaluer eux-mêmes leur labeur, et ceux-ci se trouveraient, à l'égard des ouvriers de fabrique, rabaissés à la condition d'ilotes.

M. Louis Blanc pense peut-être que ; dans l'organisation projetée, on pourrait augmenter la rétribution de la main d'œuvre sans élever les prix de vente, en attribuant aux ouvriers la part des bénéfices absorbés aujourd'hui par ceux qui subventionnent et dirigent le travail. N'est-ce pas une illusion ? Sauf les conditions accidentelles de demandes et d'offres, le prix des choses est composé nécessairement de quatre éléments : rente de la propriété foncière, intérêt du capital employé, salaire des ouvriers, profits de l'entrepreneur. Sur quoi obtiendra-t-on des économies ? Il est impossible de supprimer le loyer de la propriété foncière. Quelqu'état social qu'on imagine, il faudra toujours acheter l'usage de la terre, ou la jouissance d'une habitation. La nation, fût-elle devenue par miracle propriétaire de tous les biens fonds, ne pourrait pas, sans une scandaleuse injustice, en accorder l'usage gratuit aux individus ; ce serait créer un monstrueux privilège en faveur de ceux qui recevraient les meilleures terres eu les plus agréables logements. Même observation s'applique au capital proprement dit, qu'il soit transmissible ou de main-morte : c'est un instrument dont il faut payer l'emploi, sous un nom ou sous une forme quelconque [13]. M. Louis Blanc reconnaît d'ailleurs cette nécessité, puisqu'il accorde aux capitalistes, appelés dans l'association, un intérêt garanti par le budget. La bonification des salaires ne pourrait donc être prise que sur le profit de l'entrepreneur. Cette part du bénéfice social est beaucoup moins forte qu'on ne pourrait l'imaginer : si beaucoup de spéculateurs s'enrichissent, un plus grand nombre se ruinent, et, pour établir une moyenne générale, il faut tenir compte tenir des pertes comme des profits. Les statistiques évaluent le produit net de l'industrie proprement dite à dix pour cent sur le prix de vente, c'est-à-dire, à 200 millions au plus, sur une recette de 2 milliards [14]. Cette somme est considérable, relativement au petit nombre des individus qui en

Section V.

profitent aujourd'hui ; mais appelez au partage toute la population ouvrière composée chez nous de huit à dix millions d'individus, et il n'en résultera pour chacun qu'une gratification insignifiante. Pour sortir des vagues généralités, appliquons ce calcul à une industrie spéciale, à celle qui aurait peut-être le plus pressant besoin de soulagement. « Prise dans son ensemble, l'industrie cotonnière, dit M. Schnitzler, protégée par la prohibition, occupe plus de six cent mille personnes. Le produit avant la révolution n'était peut-être pas de 25 millions : aujourd'hui, s'il faut s'en rapporter aux calculs des principaux fabricants, un peu suspects toutefois d'exagération, il s'élève à la somme de 600 millions de francs. Dans cette somme, les salaires, y compris les frais de transport, entreraient pour 400 millions de francs ; les matières premières, avec le blanchiment et les matières colorantes, pour 110 millions. Les capitaux employés représentent 30 millions ; la dépréciation des usines, à cinq pour cent, peut être évaluée à 15 millions, et l'entretien de ces mêmes usines à 15 autres millions. En temps ordinaire, les bénéfices des producteurs montent à 30 millions. Dans les temps de prospérité, la production va au-delà de 600 millions, et l'excédent se partage entre le producteur et l'ouvrier ; mais, en revanche, elle reste souvent au-dessous de cette somme. En 1829, la production n'a présenté que 450 millions ; il y a eu réduction de 100 millions de salaires, et perte réelle pour le producteur de plus de 20 millions [15]. Maintenant, sur ce produit net, que M. Louis Blanc prélève le tiers qu'il destine à la plus-value des salaires ; qu'il prenne 10 millions, 20 millions même, à répartir entre plus de six cent mille associés, et il pourra donner à chacun moins de 10 centimes par jour, en supposant toutefois que cette gratification ne fut pas absorbée par la perte du commerce extérieur et par l'incertitude d'une direction renouvelée électivement. Nous le demandons aux ouvriers eux-mêmes, une telle perspective mériterait-elle qu'on leur fît courir les chances d'un bouleversement fondamental ?

Nous savons très bien que, dans l'opinion de la plupart des novateurs, l'organisation proposée ne doit être qu'un état transitoire, et qu'ils rêvent une société où, par l'abolition de l'héritage et de la propriété individuelle, on arriverait à vivre sur un capital collectif à la disposition de chaque industrie, de sorte que tout individu cumulerait forcément les bénéfices du capitaliste et de l'ouvrier. Dans cette hypothèse, l'appauvrissement de la nation serait inévitable. Il est de nécessité absolue qu'une partie de la rente attribuée au capital soit accumulée par l'épargne, et forme une valeur flottante et disponible pour les cas imprévus. Une société qui consommerait strictement tous ses produits éprouverait fréquemment de ces crises si fatales aux familles nécessiteuses ou imprévoyantes qui n'économisent rien sur leurs revenus. La dépréciation insensible du numéraire suffirait pour amener la détresse. Une communauté riche, au siècle dernier, avec 100,000 livres par an ne serait-elle pas très gênée, si, par suite de la stagnation de son capital, elle n'avait aujourd'hui que 100,000 francs à dépenser ? Le tiers du produit net que M. Louis Blanc propose de prélever pour l'augmentation du capital de chaque industrie ne serait pas l'équivalent d'un fonds de réserve, puisqu'il serait aussitôt engagé et immobilisé. Ce prélèvement ne représente pas autre chose qu'un moyen fraternel pour élargir l'atelier, et l'ouvrir successivement à un plus grand nombre d'ouvriers ; moyen qui nous semble insuffisant, même pour arriver à ce but. Si les ouvriers faisaient des réserves assez larges pour accroître dans une mesure convenable le capital disponible de la nation, leur condition comme salariés ne serait pas beaucoup améliorée ; dans le cas contraire, la répartition et la consommation immédiate de tous les bénéfices possibles auraient pour but de placer la France au nombre des nations pauvres et impuissantes : ce n'est pas assurément ce que désire M. Blanc.

La prétendue réforme aurait encore pour effet d'annuler un grand nombre de professions. Les rentiers, les propriétaires, les spéculateurs, la majorité des hommes de loi et d'affaires, les détaillants, les domestiques dépossédés de leur état, seraient forcés de chercher un refuge dans les ateliers sociaux. Or, qu'arriverait-il s'il s'offrait dans une spécialité un trop grand nombre de bras relativement au maximum des objets à produire ? Admet-on aux conditions ordinaires tous les postulants ? l'atelier se ruine. Réduit-on les salaires pour y faire participer un plus grand nombre, repoussent-on ceux qui sont de trop : là commence la misère. — C'est trop insister sur des objections que le simple bon sens indique. Il n'entre pas dans notre pensée de condamner absolument le principe de l'association. Nous croyons, au contraire, qu'une foule de combinaisons spéciales pourraient être pratiquées

Section V.

avec avantage. Mais se flatter de posséder une formule souveraine et généralement applicable pour satisfaire toutes les ambitions et conjurer toutes les misères, c'est, nous le répétons, une étrange hallucination. Sacrifier le principe de la liberté commerciale, immobiliser la propriété, c'est un grand danger pour le corps politique ; c'est mal servir les intérêts des ouvriers eux-mêmes, qui, pour une prime assez mince, se trouveraient attachés à la glèbe de l'atelier.

## Section VI.

Nous arrivons à la catégorie des publicistes qui conservent l'espoir de concilier les réformes nécessaires avec les principes et les droits acquis. Ceux-ci du moins savent apercevoir les difficultés et en tenir compte. Ils se contentent d'observer les faits, de constater les abus, et de solliciter les mesures qui, suivant eux, auraient pour effet l'amélioration du sort des ouvriers. Dans la série des propositions qui sont faites, il n'en est pas une seule qui n'ait besoin d'être éclairée par un débat spécial, approfondi et minutieux, et ce serait méconnaître la gravité des questions de ce genre que de les trancher par une solution irréfléchie. C'est assez de recueillir et de coordonner les amendements dignes d'examen.

Il y a dans le livre de M. Buret une idée qui court tristement comme un spectre sorti de la tombe du saint-simonisme. Cette idée est que le fait dominant de l'économie sociale actuelle, le fait provocateur de la misère et de l'anarchie, c'est la séparation de plus en plus absolue qui s'opère entre les deux éléments de la production, le capital et le travail. » L'auteur veut-il dire qu'une bonne législation doit protéger le travailleur contre la rapacité de certains capitalistes, et mettre obstacle à cette force attractive de l'argent, qui produit à la longue une funeste inégalité des fortunes ? Rien n'est plus juste et plus désirable ; mais avancer théoriquement que le seul moyen de salut laissé aux nations est de réunir le capital et le travail, « ou en les associant, ou en les confondant dans la même main, » c'est émettre un principe faux et dangereux, principe dont on a déjà abusé en produisant ces systèmes insidieux qui promettent au travailleur de l'affranchir en immobilisant à son profit le capital de la nation. Il n'y a pas de règle absolue à établir en pareille matière. La réunion des deux éléments de la production n'est désirable qu'autant qu'elle n'occasionne aucune déperdition de la force productive. Il faut craindre de se payer de mots. On trouverait peu d'artisans dans nos villes qui voulussent changer leur sort contre celui de trois millions de nos propriétaires ruraux. Pourvu que le revenu soit suffisant, peu importe qu'on le perçoive à titre de dividende ou sous le nom de salaire.

Au surplus, le tort de M. Buret est beaucoup plus dans son expression que dans sa pensée. Économiste exercé, il ne s'égare pas à la poursuite d'une formule générale et despotique de l'association. La solidarité qu'il invoque entre le maître et l'ouvrier consiste à imposer aux premiers certaines charges dans l'intérêt de ceux qu'ils emploient. Ne va-t-il pas trop loin en demandant l'impôt proportionnel, l'abolition de l'héritage collatéral, et même l'attribution à la société d'une part d'enfant dans les successions directes ? « Un million d'hectares environ, dit-il, passe annuellement aux héritiers des propriétaires décédés. La reprise légale de la communauté, que nous supposons d'un quart ou d'un cinquième, s'élèverait donc chaque année à deux cent mille hectares. La nation mettrait ces terres en vente et permettrait chaque année à cinquante mille familles de vivre indépendantes par le travail, ou à vingt-cinq mille de vivre dans l'aisance......Supposons que, par l'exercice de son droit de reprise sur une manufacture, la société ait acquis le cinquième de la propriété : elle profiterait de son droit en le cédant par petites parcelles aux ouvriers qui seraient en état de l'acquérir, et qui deviendraient ainsi actionnaires de l'industrie, dont ils ne sont aujourd'hui que les salariés. » Ce sont là de ces mesures révolutionnaires qu'une nécessité impérieuse ferait à peine excuser. Pour les réaliser, il faudrait restreindre, M. Buret en convient, le droit de testament et le droit de donation entre-vifs. Mais comment empêcherait-on les fraudes, les transmissions ténébreuses, les ventes simulées ? La propriété foncière, déjà accablée, serait rabaissée à l'état d'usufruit, tandis que les valeurs mobiles, transmissibles, faciles à cacher, échapperaient à l'impôt proportionnel aussi bien qu'aux droits successifs[16]. Ce monstrueux privilège établi en faveur de la richesse mobile avilirait les biens-fonds. L'homme riche sans enfants laisserait languir sa propriété au détriment du public, ou bien il l'aliénerait pour en transmettre le prix à l'objet de ses affections. Nous ne voyons pas même clairement que ces spoliations dussent tourner au profit de la classe pauvre, car moins grande est la difficulté de lever un impôt que d'en faire parvenir le fruit à ceux qu'on désire secourir. Les lots de terre et les actions industrielles mis en vente retourneraient en grande partie aux détenteurs de capitaux. Quelle immense carrière ouverte à l'agiotage !

La nécessité d'une coordination, d'une discipline pour l'armée industrielle, est le point sur lequel on insiste généralement. Entre les projets que nous avons sous les yeux, c'est presque un concours à juger. L'auteur de Travail et Salaire voudrait qu'un contrat à long terme liât l'ouvrier au maître ; qu'on, établît entre l'un et l'autre un régime qui tînt le milieu entre la communauté de famille et la subordination féodale. Le spéculateur, réduit à l'état de tuteur ou d'économe, devrait pourvoir aux besoins de ses employés sur le prix des salaires convenus, en leur remettant l'excédent de leurs gains à la fin de l'année. Nous ne nous arrêterons pas à cette conception d'un moraliste qui, à défaut d'études économiques, fait du lyrisme social, sans que le désordre, chez lui, soit un effet de l'art. Les recherches qui terminent son livre sur le prie des denrées et des services, depuis le commencement du XIIIe siècle jusqu'à la mort de Louis XIV, peuvent toutefois être utiles à titre de renseignements. Le caractère du livre de M. de Chamborant est un enthousiasme parfois naïf pour tout ce qui paraît moral et généreux. Ainsi, il voudrait qu'à l'exemple du grand empereur chinois Taï-tsoung, pour lequel il professe une admiration particulière, on rendît les plus grands honneurs aux vertus de famille, « et que, sur la porte de ceux qui en auraient donné les preuves les plus éclatantes, on inscrivît ces deux mots en grosses lettres Piété filiale ! » Persuadé que l'industrie développe la misère et l'immoralité, il insiste pour qu'elle soit mise en état de suspicion. Le premier article de son règlement est ainsi conçu : « Tous les ateliers, usines et manufactures sont déclarés établissements insalubres et dangereux, quels que soient le nombre, le sexe et l'âge des ouvriers qui y seront employés. » En conséquence, un établissement industriel ne pourrait être établi qu'en vertu d'une autorisation spéciale, et on exigerait qu'il offrit à la société la garantie d'un cautionnement. On prescrirait que les bâtiments d'exploitation et d'habitation pour tous les enfants et pour une partie des ouvriers employés fussent construits, dans les meilleures conditions hygiéniques. Une infirmerie, une école élémentaire, seraient des dépendances nécessaires de toutes les grandes exploitations. On prendrait en outre des mesures pour faire participer les ouvriers aux bénéfices de la vie commune, etc. Il y avait autrefois une expression consacrée pour ces améliorations à perte de vue ; on disait : C'est le rêve d'un homme de bien.

Le Plan d'une Réorganisation disciplinaire des classes industrielles en France[17], par M. Félix de Lafarelle, nous est présenté avec la sanction d'une académie départementale. Une étude historique, sobre et pourtant suffisante, sur les conditions anciennes et modernes du travail humain, forme l'exposé des motifs de l'auteur. On y devine un de ces hommes loyaux et sensés qui conservent la religion du passé, qui s'inspirent pieusement de la sagesse des ancêtres, mais qui sentent la nécessité de vivre avec ce qui existe, et, pour preuve de leur adhésion sincère au présent, prennent à tâche de l'améliorer. M. de Lafarelle, sans s'abuser sur les inconvénients des corporations closes et privilégiées du moyen-âge, pense qu'il y aurait avantage à renouveler cette institution, en l'appropriant au génie indépendant du XIXe siècle. Suivant lui, une communauté libre et accessible à tous, une simple organisation disciplinaire, suffirait pour enchaîner ces rivalités haineuses et meurtrières que fomente la concurrence illimitée, et atténueraient le paupérisme en régularisant la condition de la classe laborieuse. Il est difficile de partager cette espérance, à la lecture des cinquante articles de son programme : « La distribution de tous les marchands, y est-il dit, de tous les artisans et ouvriers des classes et professions industrielles en corps de communauté, est de droit commun. — Toutefois, l'admission dans eus communautés est facultative et non pas obligatoire. Celui qui n'aura pas voulu s'y affilier continuera d'exercer librement son état. — La communauté de chaque profession se composera, dans chaque commune, de trois sortes de membres, les maîtres, les ouvriers ou compagnons, les apprentis. — Le temps requis pour l'apprentissage et un examen sur l'état ou la profession seront nécessaires pour parvenir à la maîtrise. — Chaque communauté aura un règlement particulier, et nommera un syndicat dans lequel les compagnons seront

Section VI.

représentés comme les maîtres. Les attributions des syndicats seront purement disciplinaires : ils provoqueront le blâme, et même les punitions méritées par des actes ou des opérations entachées de déloyauté. Toutefois ils ne pourront, en aucun cas, intervenir pour contrôler les moyens de fabrication, pour limiter les prix de main d'œuvre ou de vente, dispositions destinées à séparer nettement l'organisation industrielle moderne du régime des anciennes jurandes. — La juridiction des prud'hommes sera étendue et rendue commune à toutes les communautés. — Un bureau central et permanent du commerce, des manufactures et des arts et métiers, formera le couronnement de l'organisation industrielle française, et siégera auprès du ministère du commerce. La mission de ce bureau consistera à diriger autant que possible la production nationale, à indiquer les besoins, à signaler les encombrements, à exercer enfin une haute et bienveillante tutelle. L'auteur de ce projet a donné l'exemple d'une louable sincérité en énumérant les objections qu'on ne manquera pas de lui opposer : par exemple, l'impossibilité d'établir une classification stable des métiers, avec la division du travail, l'emploi des mécaniques, la transformation quotidienne des procédés de l'industrie, les entraves souvent inutiles de l'apprentissage et du compagnonnage, l'insuffisance de la discipline proposée, surtout en ce qui concerne les ouvriers des grandes fabriques, les plus dignes d'un intérêt compatissant. M. de Lafarelle s'abuse, selon nous, s'il croit avoir réfuté ces légitimes objections.

Un autre plan de charte industrielle, proposé par M. Eugène Buret, a été conçu dans un sentiment plus libéral. Dans chaque communauté, les maîtres et les ouvriers concourraient à l'élection d'un conseil de famille. Ce conseil arrêterait, à certaines époques, le taux des salaires, sanctionnerait les contrats d'engagement des ouvriers, et garderait en dépôt les livrets. La représentation de toutes les industries du canton se constituerait, sous la présidence du juge de paix, en tribunal investi d'un pouvoir judiciaire équivalent à celui des prud'hommes. Les syndicats de canton enverraient au chef-lieu du département un de leurs membres ; la réunion de ces derniers mandataires nommerait un député, qui viendrait, à Paris, former, sous la présidence du ministre du commerce, la chambre représentative de l'industrie. Si le projet de M. de Lafarelle paraît inefficace, celui-ci aurait peut-être l'inconvénient de donner à la classe des ouvriers une constitution trop compacte, trop énergique, de créer une nation industrielle au sein de la grande société nationale.

Quelles sont donc les mesures d'une réalisation possible et désirable ? Nous en trouvons les indications éparses dans les livres que nous avons soumis à l'analyse, mais en plus grand nombre, il est juste de le reconnaître, dans le livre de M. Buret.

La cause la plus ordinaire du malaise étant l'insuffisance des salaires, et cette insuffisance étant produite par la surabondance des bras, relativement à la besogne offerte, la première règle à observer est de surveiller très attentivement les mouvements de la population. Il ne serait pas impossible de contrebalancer la force attractive des centres industriels, et de diminuer ces agglomérations d'hommes affamés qui se condensent dans toutes les villes de fabriques. De même que le capital se déplace, lorsqu'il ne trouve plus à fonctionner avec avantage (et c'est là son vrai privilège), de même il faudrait que le travailleur pût aisément se déplacer, lorsqu'il ne trouve plus un emploi utile de son aptitude. L'état doit provoquer, diriger une transplantation, et même, au besoin, en avancer les frais. Ce n'est pas à dire qu'il s'épuiserait en secours gratuits. Les avances faites par le pouvoir ne doivent jamais être qu'un placement. Il y a toujours quelques industries vers lesquelles les bras ne se dirigent pas, parce qu'elles ne sont pas vivifiées par les capitaux : telles sont chez nous l'agriculture, la marine marchande, la colonisation extérieure. Pourquoi n'entreprendrait-on pas de raviver ces industries stagnantes, en attirant vers elles les capitaux par des combinaisons de crédit ? En faveur de l'agriculture, on peut constituer le crédit foncier dont plusieurs états du Nord ont tant à se louer. Un grand système d'exploitations coloniales ranimerait notre commerce maritime. Tous les hommes appelés dans ces nouvelles carrières deviendraient consommateurs et contribuables utiles, au lieu d'être des producteurs nécessiteux. Les fabricants, ayant plus de commandes avec moins d'ouvriers à leur discrétion, seraient forcés d'élever les salaires ; la spéculation, portant plutôt sur la consommation intérieure que sur le trafic lointain, se régulariserait plus facilement.

Il y a un système de rapports bienveillants à établir entre

l'autorité et les travailleurs. Aucune amélioration n'est possible sans une discipline quelconque qui permette au pouvoir d'exercer sa surveillance tutélaire, et aux ouvriers de faire entendre légalement leurs vœux et leurs doléances légitimes. Conviendrait-il d'adopter le classement hiérarchique de M. de Lafarelle ou le système représentatif de M. Buret ? Suffirait-il de généraliser, en la modifiant sur plusieurs points, l'institution déjà éprouvée des prud'hommes ? C'est ce qu'il ne nous appartient pas de décider. On pourrait aussi emprunter à M. Tarbé l'idée d'une magistrature des pauvres ; comme celles qui ont existé dans les municipalités gallo-romaines soumises au gouvernement paternel des évêques. Il y aurait équité et convenance à ce que, dans chacune des chambres législatives, les classes nécessiteuses eussent des mandataires spéciaux, des avocats nommés d'office par le pouvoir pour exposer avec réserve et dignité les justes réclamations de ceux qui souffrent.

Ces foyers d'infection où croupissent les pauvres ouvriers des grandes villes sont une honte et un danger ; il faut les faire disparaître pour cause de salubrité publique autant que par sentiment d'humanité. Ce ne serait pas imposer une charge de plus aux conseils municipaux. Il est démontré que les demeures destinées aux pauvres sont d'une location plus facile et relativement plus productive que les habitations de luxe. Il serait donc facile de diriger la spéculation vers ce point et de remplacer, à l'avantage de tous, les affreux réduits où l'ame et le corps se dégradent, par de petits logements modestes mais du moins salubres. En beaucoup de cas, on pourrait combiner les véritables intérêts des chefs d'industrie avec les précautions hygiéniques à observer.

Quand on vote des lois de finances, quand on forme un établissement de crédit, on néglige trop souvent d'en étudier les effets dans l'intérêt spécial de la classe inférieure. L'extension continuelle du crédit ne cesse de déprécier l'argent par rapport aux denrées de nécessité première. L'Europe possède, dit-on, en espèces métalliques ; 6 milliards, dont 3 appartiennent à la France ; les valeurs de crédit sont estimées à 60 milliards. Si les salariés trouvent leur compte dans ce développement de la circulation, il y a aussi pour eux un désavantage dans la dépréciation du numéraire qui en résulte et qui réduit la puissance réelle des salaires. Ne pourrait-on pas établir une compensation en fondant enfin le crédit des pauvres ? La difficulté est grande, nous le savons ; on ne prête qu'aux riches, dit un cruel proverbe ; c'est-à-dire que, pour emprunter, il faut offrir des conditions de solvabilité. Mais pourquoi n'essaierait-on pas d'établir une solidarité entre plusieurs emprunteurs ? Pourquoi n'instituerait-on pas, dans chaque corps d'état, un petit comptoir d'escompte[18], dont le fonds serait fait avec les modestes épargnes des travailleurs ? On ne saurait trop favoriser l'association libre des petits capitaux dans le but d'une exploitation quelconque. Augmenter le nombre des entrepreneurs en diminuant celui des salariés, c'est augmenter la concurrence que se font les premiers en restreignant celle qui existe entre les seconds ; c'est réaliser la double condition d'une élévation des salaires.

On a parlé bien des fois, chez nom, de fonder les Invalides de l'industrie. Pendant que nous dissertions, nos voisins agissaient. En Russie, dit M. Buret, à tout entrepreneur qui monte une usine, on demande d'avance combien d'ouvriers il veut employer, et on exige de lui qu'il établisse à côté de ses ateliers une infirmerie d'un nombre de lits en proportion de celui des ouvriers qu'il se propose d'occuper. » Ce genre de solidarité établi entre le maître et l'ouvrier est de toute justice : il passera tôt ou tard en principe, et ce sera la réconciliation du capital et du travail. La Belgique vient de réorganiser dans cet esprit ses sociétés de secours mutuels pour l'industrie des mines, l'une des plus considérables du pays. Au lieu d'une cotisation volontaire et perçue irrégulièrement, on opère une retenue forcée sur tous les salaires, et la direction est obligée de mettre à la caisse une somme égale au total de celle qui est fournie par les ouvriers. Il n'est pas possible que la France ne cherche pas à s'approprier un principe juste et généreux. Qu'on maintienne les sociétés libres de prévoyance pour les ouvriers auxquels répugneraient, en cas de maladie accidentelle, les secours de la bienfaisance publique ; mais, pour la vieillesse, qui doit être entourée de respect, nous voudrions une mesure générale, qui eût la force et la majesté, d'une loi. C'est particulièrement en vue de cette réforme qu'un classement de la société industrielle nous a paru désirable. La surveillance des syndicats étant régularisée, il deviendrait possible d'établir une perception équitable sur les salaires et sur les profits des entrepreneurs. Le fonds de secours ainsi formé serait destiné aux vieillards qui justifieraient par leurs livrets ou par les registres des syndicats d'un certain nombre d'années de service industriel. Nous allons plus loin : il y a des travailleurs muets qui devraient, selon nous, fournir leur contingent à la caisse commune ; nous voulons parler des machines, qui font à la classe ouvrière une assez rude concurrence pour, lui rendre quelque peu de ce qu'elles lui disputent. Toute machine mue par une force inanimée, comme l'eau ou la vapeur, devrait verser à la caisse, pour tout le temps qu'elle serait mise en mouvement, une somme égale à la cotisation du nombre d'hommes qu'elle représente[19]. Le calcul serait fait sur le salaire des ouvriers de la dernière classe. A ceux qui se récrieraient à l'idée d'un impôt sur les, machines, nous nous, contenterons de répondre qu'il y a des impôts beaucoup plus dispendieux encore, auxquels les peuples imprévoyants doivent tôt ou tard se soumettre : la taxe des pauvres ou les frais de l'émeute.

## Section VII.

Après tous les circuits que nous avons dû faire pour explorer la plus vaste des questions sociales, revenons à la pensée qui a marqué notre point de départ, afin d'embrasser dans un dernier coup d'œil l'ensemble du sujet.

Formée à une époque où le premier besoin de chaque peuple était de développer ses ressources, la science économique avait à rechercher par quels moyens peut être augmentée la richesse collective des nations. Après de nombreux tâtonnements, elle parvint à discerner les phénomènes qui accompagnent la production et la consommation des biens, et à démontrer théoriquement un certain nombre de lois. Quelques pays ont exagéré dans la pratique les axiomes de la théorie : il en est résulté pour eux un rapide et merveilleux accroissement de la fortune générale, et en même temps une affreuse misère dans les rangs inférieurs de la nation. On reconnut que la spéculation livrée sans contrôle à ses instincts égoïstes est un fléau pour la majorité des classes ouvrières. Sous l'impression de cette douloureuse expérience, une scission éclata parmi les économistes. Aujourd'hui le plus grand nombre annonce la prétention de former une école nouvelle, qui, déclarant que le secret de la création des valeurs est connu, se donne la mission de compléter la science en cherchant la loi de la distribution de la richesse acquise. Cette tendance est, selon nous, une aberration qui aura pour effet de déconsidérer l'économie politique, en lui attribuant une portée qu'elle n'a pas. Poursuivre une règle générale pour la répartition des bénéfices sociaux, une formule absolue qui équilibre les intérêts et les prétentions opposées, c'est chercher la pierre philosophale ou la médecine universelle. De même que l'art médical se compose d'un certain nombre d'observations que le docteur applique suivant la sûreté de son diagnostic, de même procède la médecine sociale à l'égard du corps politique. C'est donc méconnaître le caractère de la science que d'opposer à ce qu'on est convenu d'appeler l'école anglaise une école chrétienne, comme dit M. de Villeneuve-Bargemont, ou une école française, suivant l'appellation qu'un libéralisme mal entendu voudrait faire prévaloir. L'économie politique, à proprement parler, n'est ni anglaise ni française, pas plus que la géométrie ou la physique. Science d'observation et méthode rationnelle, elle fournit les moyens d'analyser les faits qui se rapportent à la production des biens matériels : ses axiomes ne sont que des instruments dont chacun est libre de s'emparer pour s'en servir selon sa moralité ou ses sympathies, chrétiennement ou dans un intérêt égoïste.

Est-ce à dire que l'économie politique est impuissante pour la réforme des abus, que la détresse des classes laborieuses est un mal sans remède ? Nullement. Nous avons voulu seulement protester contre ceux qui demandent à la science ce qu'elle ne peut pas fournir, un principe absolu qui aurait pour effet de transformer la société, de changer l'ordre des relations établies. L'homme qui, un des premiers, a dénoncé les vices de notre constitution industrielle, M. de Sismondi, termine son livre par une phrase qui semble un soupir de découragement : « Après avoir indiqué, dit-il, où est à mes yeux le principe, où est la justice, je ne me sens point la force de tracer les moyens d'exécution. La distribution des fruits du travail entre ceux qui concourent à les produire me semble vicieuse ; mais il me semble presque au-dessus des forces humaines de concevoir un état de propriété absolument différent de celui que nous fait connaître l'expérience. » Un même découragement glacera tous ceux qui, cherchant un état social absolument différent de ce qui

Section VII.

existe, iront se heurter à des impossibilités. Au lieu de délibérer pour savoir si le mal peut être anéanti d'un seul coup, attaquons-le partiellement, sans négliger un seul des moyens de l'amoindrir. Nous avons indiqué quelques-unes des mesures qui pourraient être essayées ; des études plus spéciales, une connaissance plus approfondie des faits, en suggéreraient beaucoup d'autres. *N'oublions pas la double Loi historique que nous avons constatée plus haut : — les nations dont l'industrie se développe sans contrainte réalisent une grande puissance, mais sont exposées aux dissensions intérieures produites par l'inégalité des fortunes ; — les nations dont l'industrie est entravée languissent tristement, sans considération politique. — De cette observation découle une règle de conduite que nous formulerons ainsi : faire pour les classes ouvrières tout ce qui peut être fait, sans nuire au développement de la puissance nationale.*

## Notes

1. Deux vol. in-8°, chez Guillaumin, passage des Panoramas.

2. Le capitaliste qui prête de l'argent livre la représentation de toutes ces choses.

3. Est-il nécessaire d'expliquer ces mots ? Tous nos lecteurs savent que le produit brut est la recette totale d'une opération, et que le produit net est seulement le bénéfice restant après déduction faite des avances de l'entrepreneur. Pour revenir à l'exemple cité, on conçoit qu'une nation produisant beaucoup relativement à sa population, nais consommant tous ses produits, peut être heureuse matériellement, lors même qu'elle s'appauvrit, et qu'au contraire une nation peut éprouver du malaise en s'enrichissant, si le bénéfice est absorbé par des privilégiés. Une phrase de Ricardo expliquera notre pensée : « Il serait tout-à-fait indifférent, a-t-il dit, pour une personne qui, sur un capital de 20,000 francs, ferait par an 2,000 fr. de profit, que son capital employât cent hommes ou mille. » Ricardo est un des théoriciens du produit net.

4. Un écrivain qui a du poids en matière d'archéologie monumentale, M. Didron, admet cette évaluation, qui résulte, nous a-t-il dit, du dépouillement des statistiques des anciens diocèses.

André Cochut

5. Virgile, Eneid., VI, 852 :
Hae tibi erunt artes
Parcere subjectis, et debellare superbos.

6. Mémoire sur la population de la France au quatorzième siècle, dans le XIVe volume, récemment publié, de la nouvelle série.

7. Un semblable mouvement a lieu dans tous les pays où les questions économiques sont à l'ordre du jour. On a remarqué, parmi les économistes étrangers qui ont écrit sur la distribution des richesses, les Anglais George Ramsay et Richard Jones, l'Américain Carey, etc.

8. Deux vol. in-S0 ; chez Paulin, rue de Seine.

9. Deuxième édition, avec de nouveaux développements qui permettent de saisir mieux la pensée de l'auteur.

10. Il y a maintenant en Angleterre plus de six cents workhouses. Le régime de ces maisons est très doux pour la misère qui résulte de l'âge et des infirmités. Il ne devient inhumain que pour les indigents valides, comme si les ouvriers étaient responsables de la suspension périodique des travaux !

11. Tait's Edinburg Magazine.

12. Quoique les quatre cinquièmes de ces propriétaires n'aient qu'un revenu très modique auquel ils doivent suppléer par un travail salarié, il est ridicule de les classer parmi les prolétaires, comme un utopiste l'a fait récemment, puisqu'ils possèdent plus de deux cinquièmes de la superficie imposable, 2l millions d'hectares sur 50. A la rigueur, la petite propriété peut vivre du revenu de la terre, puisqu'il ne faut que 1,23 hectare pour assurer l'existence d'un individu.

13. Les communistes croient éluder cette double nécessité en accordant la participation aux produits de la terre et du capital, au prix d'un certain nombre d'heures de travail. C'est le loyer payé, non plus en numéraire, mais en services ; c'est la substitution d'une corvée à l'impôt en argent.

14. Nous empruntons ces chiffres à la Statistique générale et comparée de la France, par M. Schnitzler, ouvrage remarquable, qui nous a été fort utile pour le présent travail. La Revue en fera

le sujet d'un article spécial, lorsque les deux premiers volumes, consacrés aux intérêts matériels, seront complétés par deux autres volumes, consacrés aux intérêts moraux.

15. L'Angleterre occupait en 1834, suivant Baines et Mac-Culloch, 720,000 ouvriers, dont le salaire était seulement de 330 millions sur un produit brut de 860 millions de francs. Les fabriques américaines occupaient en 1831, selon Pitkin, 117,000 personnes, qui recevaient seulement 55 millions de salaires sur un produit brut de 138 millions de francs. Si ces chiffres, recueillis par M. Schnitzler, sont exacts, la part faite aux ouvriers cotonniers serait beaucoup plus considérable en France qu'en Angleterre et en Amérique.

16. Nous trouvons un excellent chapitre à ce sujet dans un Manuel de Politique, par M V. Guichard, ouvrage écrit dans les principes d'une sage liberté. -Chez Paulin.

17. Chez Guillaumin.

18. Nous avons eu occasion de développer cette proposition dans une étude sur les finances. Voyez la Revue des Deux Mondes, livraison du 1er mai 1840.

19. La force d'un cheval représente celle de cinq à six hommes.

ISBN : 978-1545559147

www.ingramcontent.com/pod-product-compliance
Lightning Source LLC
Chambersburg PA
CBHW061448180526
45170CB00004B/1606